# Mein Medienheft 3/4

## Digitale Medien

Erarbeitet von
Sabine Köpp
Britta Kuhlen
Sabine Voll

Ernst Klett Verlag
Stuttgart • Leipzig

## Bedienen und anwenden



## Informieren und recherchieren



## Kommunizieren und kooperieren



## Produzieren und präsentieren

## Analysieren und reflektieren



## Problemlösen und modellieren



## Projekte

# Bedienen und anwenden

Datum: ______________________

## Medien kennen

Wir nutzen **Medien**, um uns zu informieren, um miteinander Kontakt zu haben, um zu lernen, zur Unterhaltung und um zu spielen.

1. Welche Medien nutzt die Familie? Tauscht euch aus.

2. Wozu kannst du Medien nutzen? Verbinde.

| | | |
|---|---|---|
| Buch | Information | Tablet |
| CD-Player / MP3-Player | Kontakt | Plakat |
| Zeitung | Lernen | Fernseher |
| Kinderzeitschrift | Unterhaltung | Internet |
| Smartphone | Spiel | Radio |

3. Welche Medien nutzt du? Markiere.

Datum: ____________________

# Die Teile des Computers kennen

Die Teile eines Computers, die du anfassen kannst, sind die **Hardware**. Zur **Software** gehören alle Programme, zum Beispiel Malprogramme oder Computerspiele.

**1** Diese Teile gehören zum Computer. Beschrifte.

Rechner | Bildschirm | Tastatur | Maus | Drucker

*Der Bildschirm wird auch Monitor genannt.*

____________________ ____________________ ____________________ ____________________ ____________________

*Sei vorsichtig mit den Geräten. Am Computer wird nicht gegessen oder getrunken!*

**2** Wie wird der Computer an- und ausgeschaltet? Untersucht gemeinsam.

*Achtung: Manchmal musst du auch den Bildschirm ausschalten.*

**3** Suche auf der Tastatur und kreise ein.

**Z Ä ß S 6 1 M**

**4** Stellt euch gegenseitig weitere Suchaufträge.

# Die Tastatur kennen

Mit der Tastatur kannst du einen Text am Computer schreiben.
Es gibt Buchstaben und Ziffern.
Für bestimmte Befehle und Funktionen gibt es besondere Tasten.

*Im Internet gibt es Lernspiele zur Tastatur.*

**1** Welche Tasten musst du für diese Befehle drücken? Verbinde.

mehrere Großbuchstaben hintereinander | in die nächste Zeile

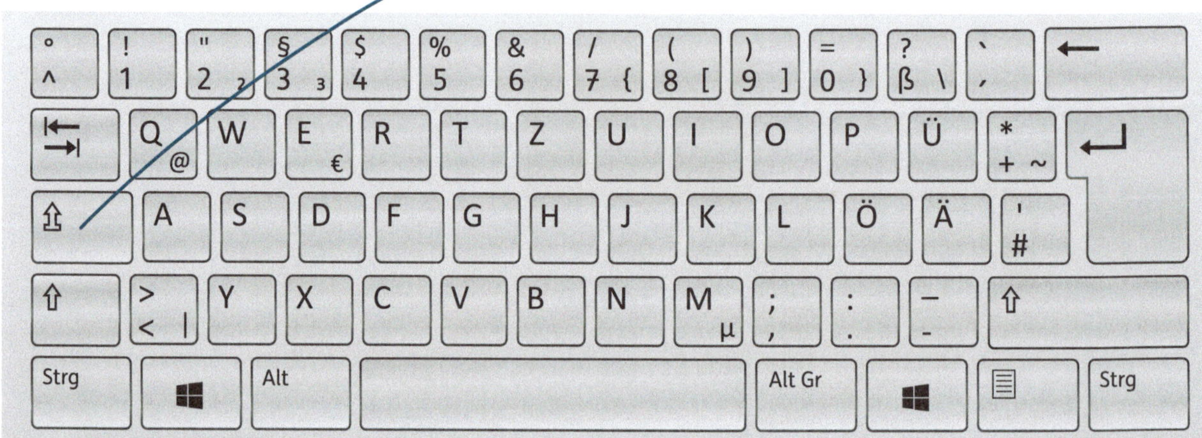


Großbuchstabe | zurück und das letzte Zeichen löschen | Leerstelle

**2** Wenn du ein Ausrufezeichen **!** , ein Fragezeichen **?** oder einen Doppelpunkt **:** schreiben möchtest, musst du gleichzeitig noch eine zweite Taste drücken.

Male.

**3** Wie heißen die Tasten? Verbinde.

*Die Eingabetaste heißt auch Entertaste.*

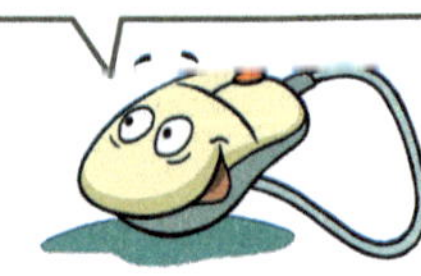

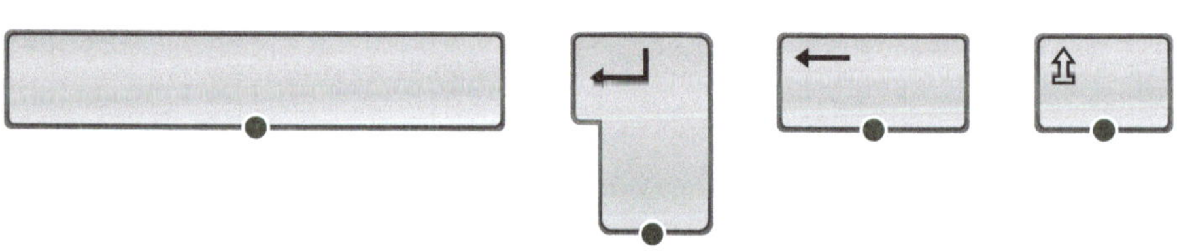

Eingabetaste | Löschtaste | Leertaste | Umschalttaste

Beim Tablet oder Smartphone heißt der Bildschirm **Touchscreen**.
Dort erscheint auch die Tastatur, wenn du etwas schreiben willst.



Den Funktionsumfang eines digitalen Werkzeugs kennen und zielgerichtet einsetzen

Datum: ____________________

# Mit dem Computer schreiben

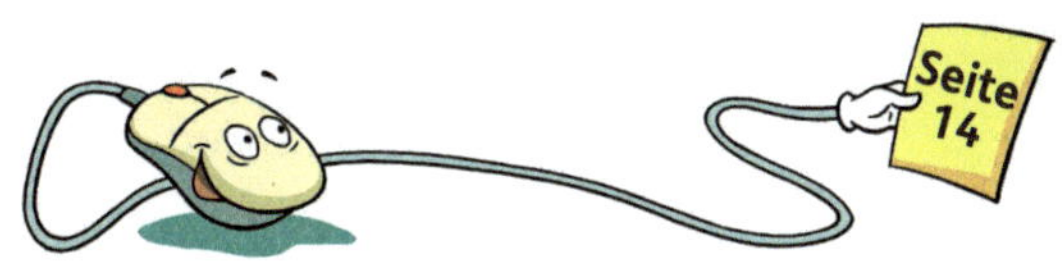


Wenn du ein Schreibprogramm öffnest,
erscheint am oberen Rand des Dokuments die Menüleiste.
Hier findest du viele Möglichkeiten, deinen Text unterschiedlich zu gestalten.

ℹ Programme öffnest du mit einem **Doppelklick**.
Klicke zweimal ganz schnell mit der linken Maustaste auf das Symbol.

**1** Verbinde die Begriffe mit den passenden Symbolen in der Menüleiste.

Schriftart • Schriftgröße • Schriftfarbe • **fett** • *kursiv* • unterstrichen • mittig

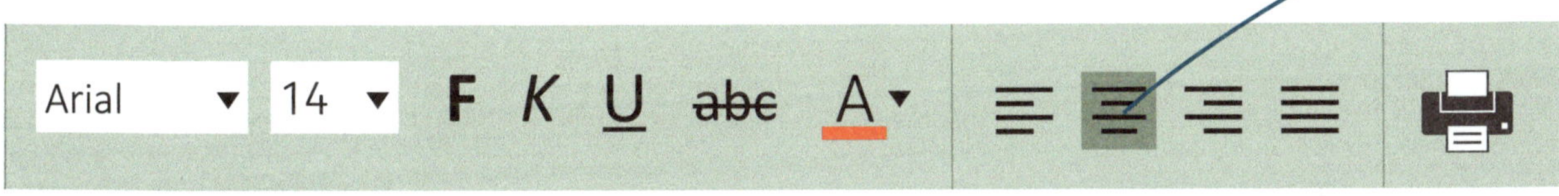


**2** Welche Wörter in dieser Einladung sollen besonders auffallen? Markiere.

*Liebe Mara,*
*am nächsten Sonntag um 15 Uhr wird unser neues Planschbecken eingeweiht.*
*Du bist dazu eingeladen. Ich freue mich, wenn du kommst.*
*Bringe bitte Badesachen mit. Wir werden bestimmt viel Spaß haben.*
*Viele Grüße*
*Tim*

**So kannst du einen Text am Computer gestalten:**

Setze den Mauszeiger in ein Wort: Planschbecken

Klicke den gewünschten Befehl in der Menüleiste an. A

Jetzt ändert sich das ganze Wort. Planschbecken

Wenn du mehrere Wörter ändern willst, kannst du sie markieren.
Halte die linke Maustaste dazu gedrückt.
Bewege den Mauszeiger über die Wörter, die du ändern willst.

am nächsten Sonntag um 15 Uhr wird

**3** Schreibe Tims Einladung am Computer. Gestalte die besonderen Wörter.

Datum: ____________________

# Texte verändern und drucken

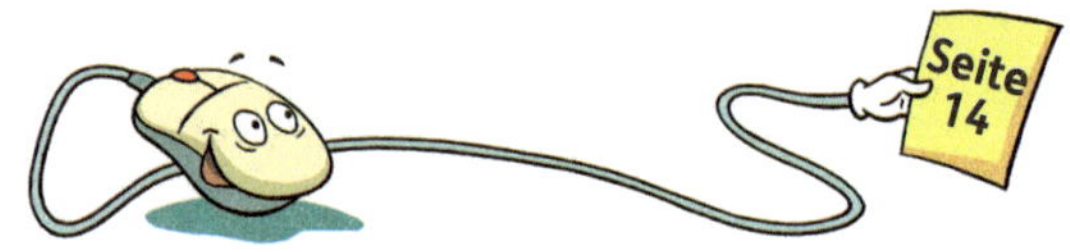


Es gibt viele Möglichkeiten, einen Text am Computer zu verändern.
Du kannst Wörter hinzufügen, löschen und durch passendere Ausdrücke ersetzen.

**Einfügen:** Setze den Mauszeiger an die gewünschte Stelle und schreibe.

**Löschen:** Setze den Mauszeiger hinter das Wort, das du löschen willst. Drücke die ← -Taste.

**Ersetzen:** Markiere mit dem Mauszeiger das Wort. Schreibe das neue Wort darüber.

**1** Wie würdest du Tims Text verändern? Markiere in der passenden Farbe.
einfügen ● löschen ● ersetzen ●

*Ich habe zu meinem Geburtstag Rami eingeladen und Mara eingeladen.*
*Beide haben gefreut.*
*Sie haben mir ein spannendes Buch geschwenkt.*
*Morgen will ich das Buch morgen schreiben.*

**2** Schreibe Tims Text am Computer.
Verändere ihn dann an den Stellen, die du markiert hast.

In vielen Schreibprogrammen werden falsch geschriebene Wörter mit einer roten Wellenlinie angezeigt, zum Beispiel: Geburtstak.
Prüfe und korrigiere diese Wörter.

Du kannst deinen Text ausdrucken. Dazu musst du dieses Symbol 🖨 in der Menüleiste anklicken. Du kannst auch **Datei** und dann **Drucken** anklicken.

*Sei sparsam mit Papier und Druckertinte: Drucke nur aus, was du wirklich brauchst.*



Den Funktionsumfang eines digitalen Werkzeugs kennen und zielgerichtet einsetzen

Datum: ______________________

# Texte speichern

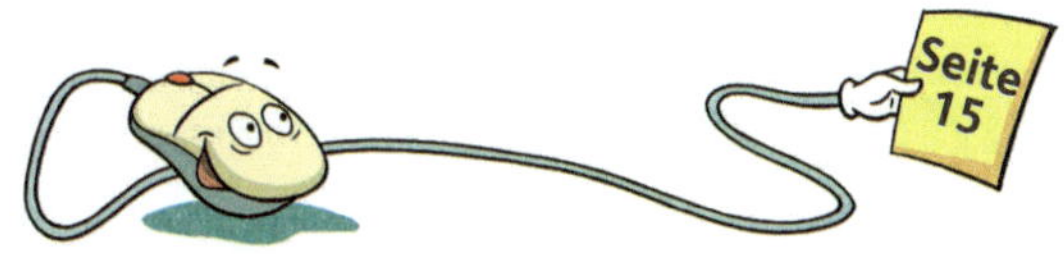


Du kannst einen Text als Datei auf dem Computer abspeichern.
Dann kannst du die Datei später wieder öffnen.

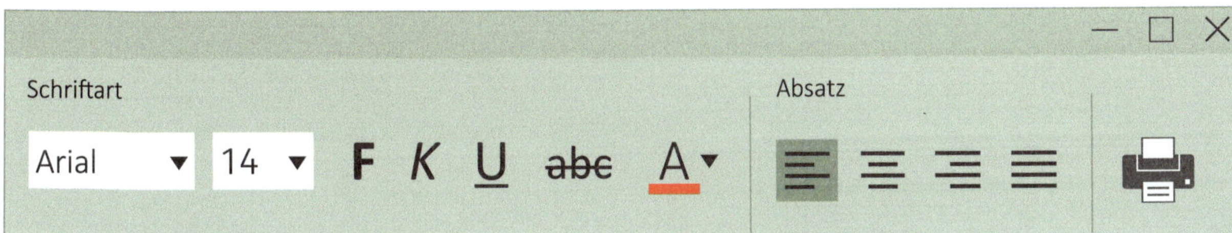


Eine Frau möchte einen Wassernapf für ihren Hund kaufen.
Der Verkäufer fragt: „Soll auf dem Napf **Für meinen Hund** stehen?“
Die Kundin antwortet: „Das ist nicht nötig. Mein Mann trinkt kein Wasser und mein Hund kann nicht lesen.“

**1** Wie sicherst du Dateien?
Nummeriere die Schritte in der richtigen Reihenfolge.

| | |
|---|---|
| ☐ | Gib der Datei einen Namen. |
| ☐ | Drücke **Speichern** oder **Sichern**. |
| 1 | Klicke das Wort **Datei** oder das Symbol an. |
| ☐ | Wähle einen Ordner aus, in dem du die Datei speichern möchtest. |
| ☐ | Tippe auf **Speichern unter**. |

**2** Unter welchem Dateinamen würdest du den Witz abspeichern? Notiere.

______________________________________

**3** Schreibe den Witz mit dem Computer und speichere ihn ab.

Wenn du eine Datei nicht mehr brauchst, kannst du sie löschen.
Klicke die Datei mit der linken Maustaste an.
Halte die linke Maustaste gedrückt und ziehe die Datei in den Papierkorb.

*Lösche keine Dateien von anderen.*

# Ordner anlegen

Damit du Dateien schnell wiederfindest, kannst du neue Ordner anlegen.
Öffne dazu den Ordner, in dem du deine Dateien gespeichert hast.
Klicke dann auf **Neuer Ordner**. Der neue Ordner wird angezeigt.
Solange das Feld blau gefärbt ist, kannst du diesem Ordner
einen passenden Namen geben.

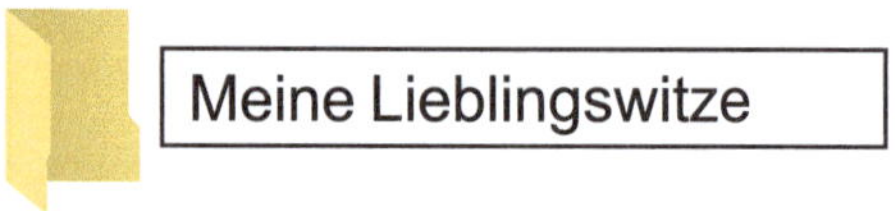


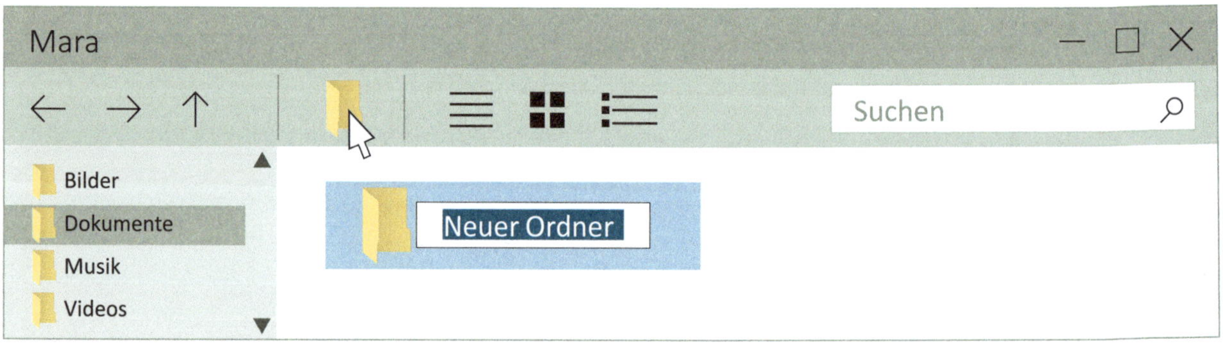


**1** Lege einen Ordner an. Gib ihm einen Namen.

**2** Schreibe noch einen Witz auf dem Computer.
Speichere diese Datei mit dem Befehl **Speichern unter** im passenden Ordner ab.
Denke daran, der Datei einen Namen zu geben.

**3** In Kamils Ordner sind schon viele Dateien. Deshalb hat er drei Unterordner angelegt.
Welche Dateien gehören zusammen?
Ordne und überlege dir passende Namen für die Ordner.

Ritterrüstung | Hund | Burg | Hamster | Katze
Fussball-WM | Ritterturnier | Fußballstadien | Borussia Dortmund

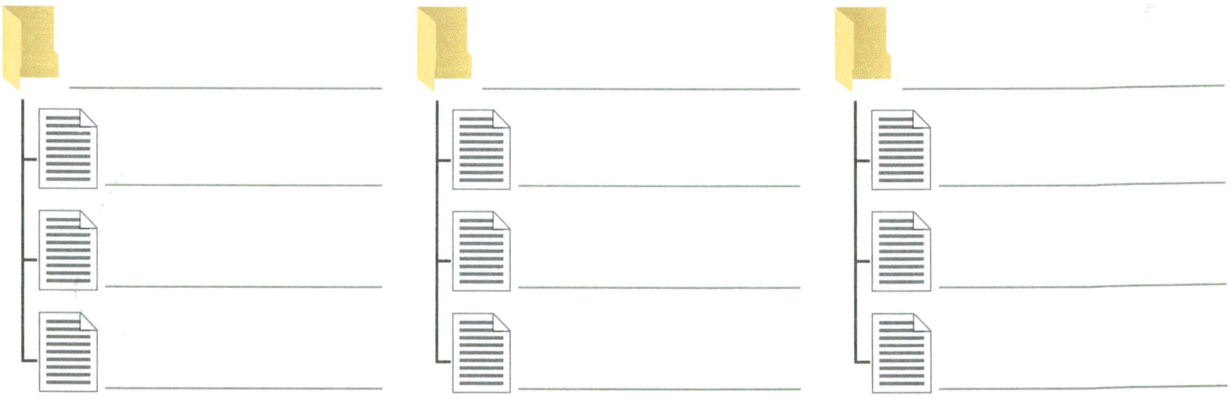

Datum: ______________________

# Den Computer-Schreibtisch aufräumen

Wenn du den Computer anschaltest, siehst du auf dem Bildschirm Programme und Ordner. Dieser Bereich wird **Schreibtisch** genannt. In den Ordnern kannst du Dateien abspeichern.

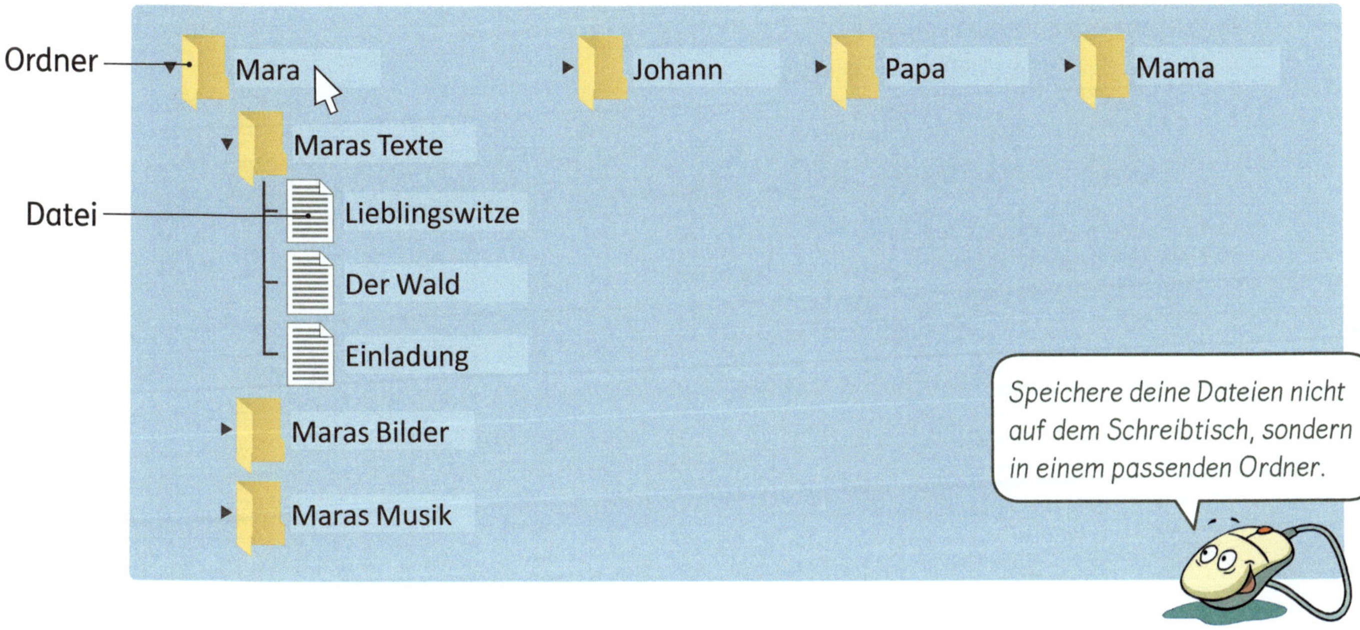


**1** Schalte einen Computer an. Was siehst du auf dem Schreibtisch? Male und schreibe.

**2** Welche Programme und Ordner dürft ihr öffnen? Tauscht auch aus.

# Eine Internetseite öffnen

Der **Browser** ist das Programm, mit dem du in das Internet kommst.

Wenn du den Browser anklickst, öffnet sich eine Internetseite.
Ganz oben ist die Adresszeile. Dort trägst du den Namen der Seite ein, die du dir ansehen möchtest.
Dann musst du die ↵-Taste drücken.

**Internetadressen** beginnen mit **www**, zum Beispiel: www.blinde-kuh.de
www bedeutet: world wide web. Übersetzt heißt das: weltweites Netz.
Die Endung **de** am Ende steht für Deutschland.

**1** Es gibt verschiedene Browser, zum Beispiel: Firefox, Safari, Google Chrome, Internet Explorer, ... Suche das Symbol auf dem Computer-Schreibtisch.

Wie heißt der Browser? ____________________

**2** Welche Internetseiten kennst du? Notiere die Internetadressen.

____________________

____________________

____________________

Um deine Lieblingsseite schnell wiederzufinden, kannst du ein Lesezeichen setzen oder die Seite unter Favoriten abspeichern.

★ **3** Wie könnt ihr bei eurem Browser Lesezeichen setzen? Informiert euch.

Datum: ______________________

# Tablets und Smartphones bedienen

Tablets und Smartphones sind kleine tragbare Computer.
Sie besitzen keine Maus, mit der du die Programme steuern kannst.
Du wischst oder tippst mit deinem Finger auf dem Bildschirm.

i Die Programme auf Smartphones und Tablets heißen **Apps**.

**1** Auf vielen Smartphones gibt es diese Apps.
Was kannst du mit ihnen machen? Verbinde.

*Sei vorsichtig, wenn du ein Tablet oder Smartphone in der Hand hast. Lege es immer an einem sicheren Platz ab.*

- fotografieren
- im Internet surfen
- spielen
- Nachrichten schreiben
- Fotos ansehen
- Videos ansehen
- rechnen
- Musik hören
- telefonieren
- Wetterbericht ansehen

**2** Vergleicht eure Ergebnisse.

**3** Welche Apps kennst du noch? Wozu benutzt du sie? Male und schreibe.

______________________

______________________

**4** Welche Apps findet ihr sinnvoll? Tauscht euch aus.

Den Funktionsumfang eines digitalen Werkzeugs kennen sowie reflektiert und zielgerichtet einsetzen

# Einen Text am PC schreiben

Zuerst starte ich den Computer und öffne ein Schreibprogramm.

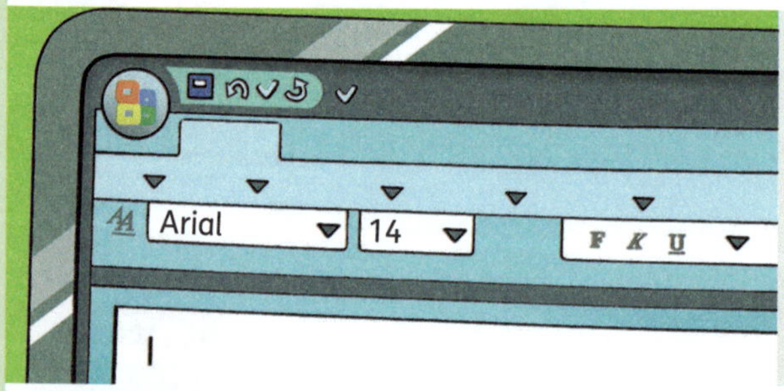


Ich wähle eine Schrift und die Schriftgröße aus.

Ich schreibe den Text:

- Leertaste nach jedem Wort und jedem Satzzeichen drücken,
- Großschreibung beachten.

Ich überarbeite den Text:

- Fehler korrigieren,
- Wörter einfügen, ersetzen oder entfernen.

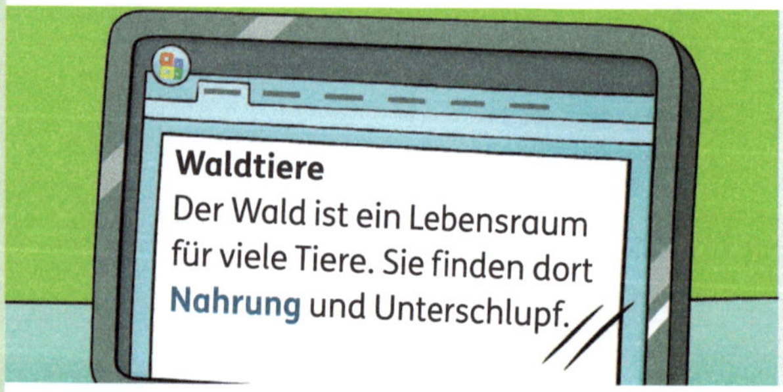


Ich gestalte den Text:

- Überschriften und wichtige Wörter hervorheben,
- Schriftgröße und Farbe verändern.

Ich sichere den Text und drucke ihn aus.

# Dateien benennen und speichern

Wenn ich einen Text geschrieben habe, kann ich ihn auf dem Computer speichern.
Ich klicke in der Menüleiste auf **Speichern unter**.

Zuerst wähle ich einen Ordner aus und klicke ihn an.

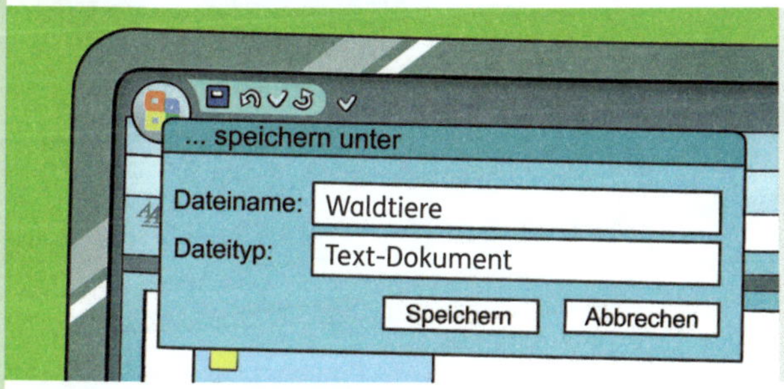


Dann gebe ich dem Text einen Namen und klicke auf **Speichern**.
Achtung: Der Dateiname darf nicht zu lang sein. Es dürfen keine Umlaute vorkommen.

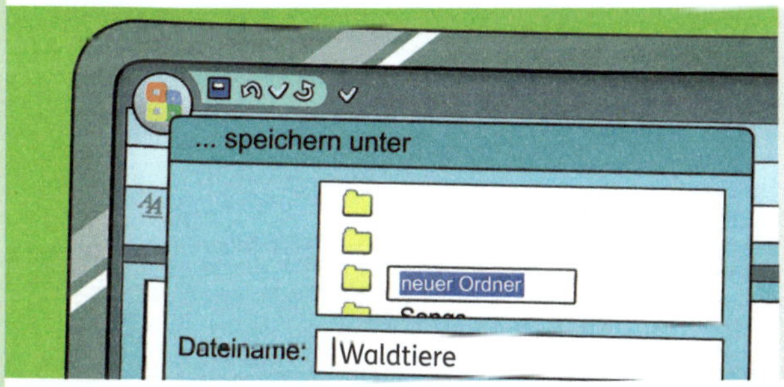


Ich kann auch einen neuen Ordner anlegen.
Dazu klicke ich in der Menüleiste auf **Speichern unter**.
Dann klicke ich auf **Neuer Ordner**.

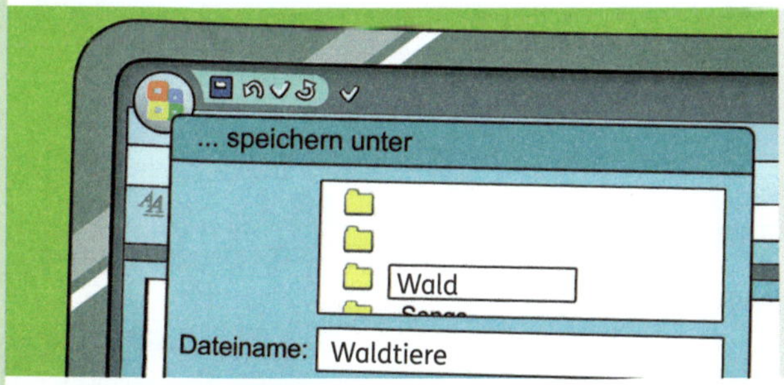


Ich gebe dem Ordner einen Namen.
Dann klicke ich auf die Eingabetaste ↵.

Ich speichere die Datei in dem passenden Ordner.
Dann kann ich sie schnell wiederfinden.

# Informieren und recherchieren

Datum: ____________

## In verschiedenen Medien recherchieren

**1** Timo und Halina suchen Fotos zum Thema Mäuse. Welche Probleme gibt es? Tauscht euch aus.

**2** Tierlexikon oder Internet? Kreuze an.

| | Lexikon | Internet |
|---|---|---|
| Wichtiges auf einen Blick | ☒ | ☐ |
| große Auswahl an Fotos | ☐ | ☐ |
| weitere Informationen zu diesem Thema | ☐ | ☐ |
| Filme zum Thema | ☐ | ☐ |
| braucht keinen Strom | ☐ | ☐ |

**3** In welchen Medien findest du Informationen zu diesen Themen? Notiere.

Dinosaurier: Sachbuch, ____________

Tischtennis: ____________

Pizza: ____________

Ritter: ____________



Informationsrecherchen zielgerichtet durchführen
und dabei Suchstrategien anwenden

Datum: ____________________

# Suchmaschinen nutzen

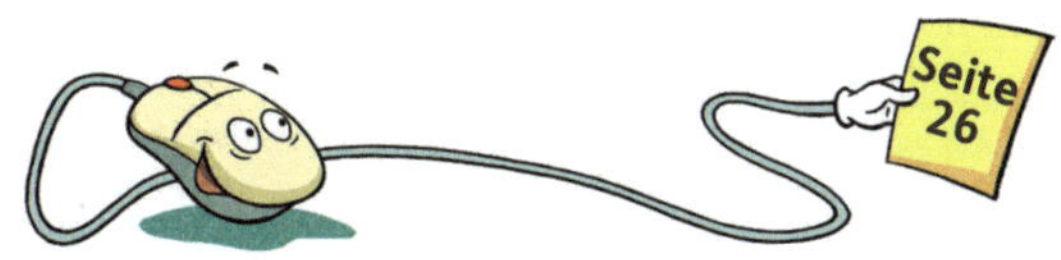


Mit **Suchmaschinen** kannst du Internetseiten zu einem Thema suchen.

Es gibt spezielle Suchmaschinen für Kinder.
Sie zeigen nur Internetseiten an, die für Kinder geeignet sind.
Im Internet kannst du auch in einem Online-Lexikon nachschlagen.
Für Kinder gibt es zum Beispiel: Klexikon und Grundschulwiki.

Gib einen Suchbegriff in das Suchfeld der Suchmaschine ein.
Dann drückst du die Eingabetaste oder klickst auf die Lupe.

**1** Welche Kinder-Suchmaschinen kennst du? Kreuze an.

| Internetseite | kenne ich | finde ich gut | finde ich nicht gut |
|---|---|---|---|
| Frag Finn | ☐ | ☐ | ☐ |
| Blinde Kuh | ☐ | ☐ | ☐ |
| Helles Köpfchen | ☐ | ☐ | ☐ |
| Klexikon | ☐ | ☐ | ☐ |
| Grundschulwiki | ☐ | ☐ | ☐ |

**2** Richtig oder falsch? Kreuze an.

| | richtig | falsch |
|---|---|---|
| Recherchieren bedeutet: Informationen suchen. | ☐ | ☐ |
| Online bedeutet: im Internet sein. | ☐ | ☐ |
| Im Internet gibt es Bilder und Filme. | ☐ | ☐ |
| Ein Suchbegriff muss geheim bleiben. | ☐ | ☐ |
| Informationen gibt es in Sachbüchern und im Internet. | ☐ | ☐ |
| Es gibt spezielle Suchmaschinen für Kinder. | ☐ | ☐ |

Datum: ______________________

# Suchmaschinen vergleichen

Halina hat in zwei Suchmaschinen den Suchbegriff „Löwenzahn“ eingegeben.

**SUCHEREI**

Löwenzahn

Alle Bilder Videos Karten Nachrichten

Ungefähr 380.000 Ergebnisse

KiKA - Löwenzahn
https://www.kika.de/loewenzahn/index.html
Entdecke die Welt mit Fritz Fuchs, seinem Hund Keks und dem schrulligen Nachbarn.

WERBUNG
Gartenbau Löwenzahn
https://www.loewenzahn_garten.de
Blumen und Heilkräuter für Ihren Garten.

Löwenzahn
https://www.wiese_pflanze.de
Der Löwenzahn ist eine Wiesenpflanze.

Löwenzahn – Zähne zählen

https://www.raetsel_gewinnspiel_zahn
Wie viele Zähne hat der Löwenzahn?
Spiel mit und gewinne den goldenen Zahn!

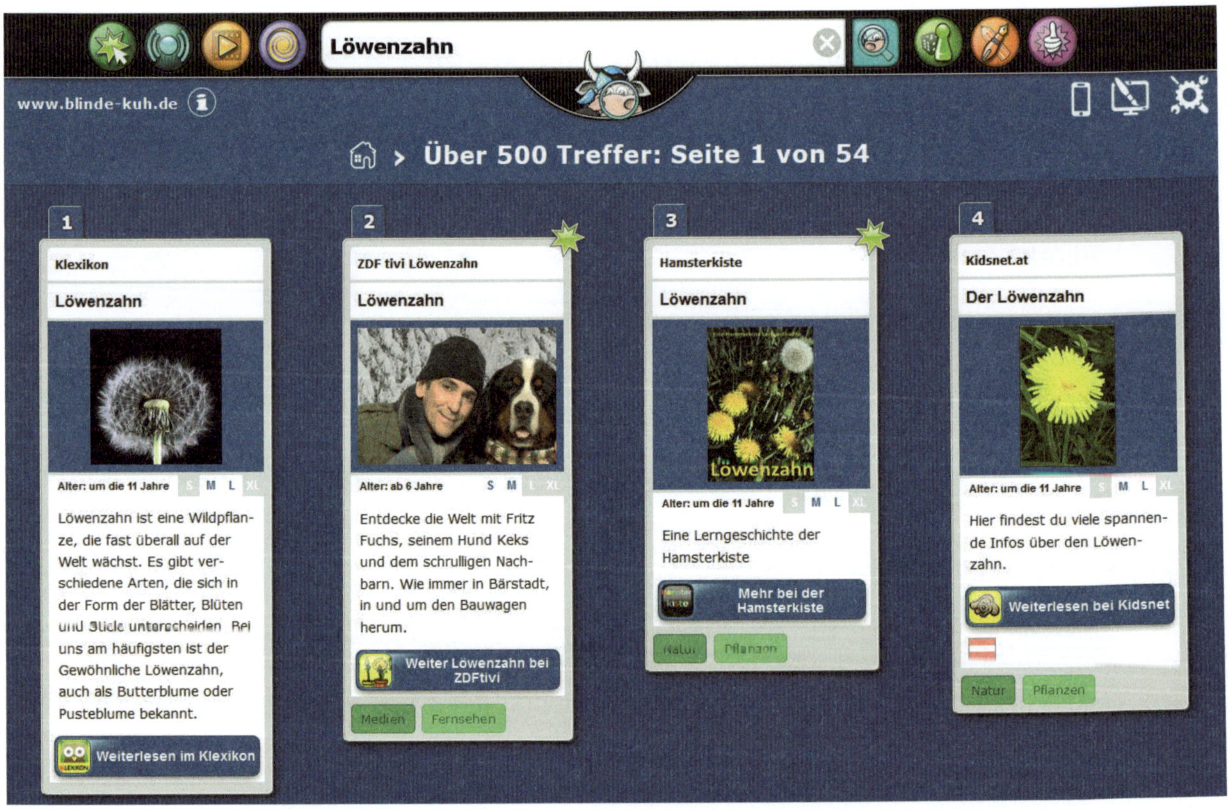


1. Welche Suchmaschine würdest du Halina empfehlen? Begründe.

______________________

______________________

# Suchergebnisse bewerten

**1** Untersuche die Ergebnisse der Suchmaschinen auf Seite 18.
Richtig oder falsch? Kreuze an.

| | richtig | falsch |
|---|---|---|
| Sucherei ist eine Suchmaschine für Kinder. | ☐ | ☐ |
| Die Kinder-Suchmaschine zeigt über 500 Treffer. | ☐ | ☐ |
| Die Kinder-Suchmaschine zeigt ein Gewinnspiel. | ☐ | ☐ |
| Sucherei zeigt Werbung. | ☐ | ☐ |
| Die Kinder-Suchmaschine zeigt Altersangaben. | ☐ | ☐ |
| Die Kinder-Suchmaschine bietet nur 3 Seiten mit Treffern. | ☐ | ☐ |

Oft gibt es mehrere Ergebnisseiten zu einem Suchbegriff.
Der erste Treffer muss nicht der beste sein.
Wenn du ein passendes Ergebnis gefunden hast, kannst du es anklicken.
Dann öffnet sich die Internetseite.

i Wenn du mit dem Mauszeiger über die Überschrift fährst,
verwandelt sich der Pfeil in eine Hand.
Die Überschrift ist ein **Link**, der dich direkt mit der Internetseite verbindet.

**2** Suche Informationen zum Löwenzahn.
Welche Internetseite bietet die besten Informationen?
Notiere die Internetadresse.

*Überlege, ob die Internetseite zu deiner Suche passt, bevor du sie öffnest.*

______________________________

**3** Warum gefällt dir die Internetseite? Begründe.

______________________________

______________________________

**4** Vergleicht die Internetseiten, die ihr gut findet.

★ **5** Weißt du das? Kreuze an.
Wenn du dir im Internet mehrere Seiten nacheinander ansiehst, heißt das

☐ schwimmen, ☐ skifahren, ☐ spazieren, ☐ surfen.

Datum: ____________________

# Suchbegriffe verwenden

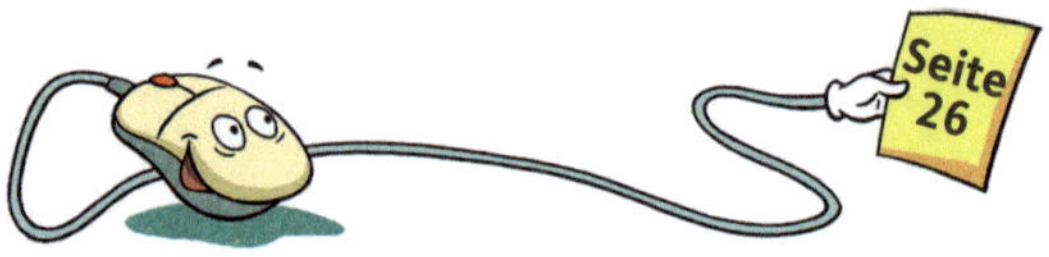


Je genauer dein Suchbegriff ist, desto genauer sind die Ergebnisse.
Du kannst auch mehrere Suchbegriffe eingeben.
Die Überschrift und der kurze Text geben dir Hinweise über den Inhalt der Internetseiten.

> Mäuse – Klexikon - Das Freie Kinderlexikon
> https://klexikon.zum.de/wiki/Mäuse ▾
> 04.01.2019 - **Mäuse** sind kleine Nagetiere. Wer von einer **Maus** spricht, meint meistens die Hausmaus. Es gibt nämlich fast 40 verschiedene Arten von ...

**1** Was fressen Mäuse? Welche Wörter kannst du zusätzlich in das Suchfeld eingeben? Ergänze.

Loch | Nahrung | Kühlschrank | Sendung | Katze | Futter

Maus ____________________ 🔍

**2** Welche Tipps sind sinnvoll? Kreuze an.

| | sinnvoll | unwichtig |
|---|---|---|
| Suchbegriff mit anderer Schrift eintippen | ☐ | ☐ |
| Rechtschreibung beachten | ☐ | ☐ |
| Suchbegriff rückwärts eintippen | ☐ | ☐ |
| verschiedene Obstsorten dazu schreiben | ☐ | ☐ |
| mehrere passende Suchbegriffe eingeben | ☐ | ☐ |
| Suchbegriff auf Französisch schreiben | ☐ | ☐ |

★ **3** Probiert diese Such-Tipps für Profis aus.

| | |
|---|---|
| Suchbegriffe: Maus **und** Tier | Nur Internetseiten, in denen die Maus als Tier vorkommt (nicht als Computermaus oder Comicfigur) |
| Suchbegriffe: Maus **oder** Tier | Alle Internetseiten, in denen eine Maus oder ein Tier vorkommen |
| Suchbegriffe: Maus **nicht** Computer | Nur Informationen, in der die Maus vorkommt, die nichts mit dem Computer zu tun hat |

Datum: ____________________

# Informationen suchen

Wenn du Informationen suchst, kannst du in Sachbüchern
oder in einem Lexikon nachschlagen.
Du kannst auch im Internet in einem Online-Lexikon recherchieren.
Für Kinder gibt es zum Beispiel das Online-Lexikon Grundschulwiki.

In einem **Online-Lexikon** kann jeder Informationen im Internet veröffentlichen und anderen zur Verfügung stellen.

Diesen Text über die Angorakatze hat ein Grundschulkind veröffentlicht.

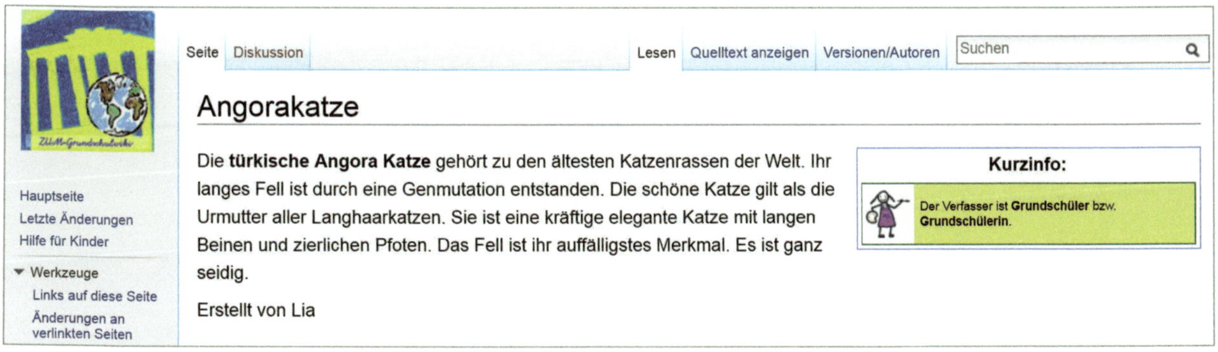
Seite | Diskussion | Lesen | Quelltext anzeigen | Versionen/Autoren | Suchen

Hauptseite
Letzte Änderungen
Hilfe für Kinder
Werkzeuge
Links auf diese Seite
Änderungen an verlinkten Seiten

## Angorakatze

Die **türkische Angora Katze** gehört zu den ältesten Katzenrassen der Welt. Ihr langes Fell ist durch eine Genmutation entstanden. Die schöne Katze gilt als die Urmutter aller Langhaarkatzen. Sie ist eine kräftige elegante Katze mit langen Beinen und zierlichen Pfoten. Das Fell ist ihr auffälligstes Merkmal. Es ist ganz seidig.

Erstellt von Lia

**Kurzinfo:**

Der Verfasser ist **Grundschüler** bzw. **Grundschülerin**.

1 Bei welchem Thema kennst du dich gut aus? Schreibe einen Artikel.

______________________________________________
______________________________________________
______________________________________________
______________________________________________
______________________________________________
______________________________________________
______________________________________________
______________________________________________
______________________________________________
______________________________________________
______________________________________________
______________________________________________

★ 2 Auch ihr könnt im Grundschulwiki Artikel veröffentlichen.
Informiert euch auf der Internetseite des Grundschulwiki, wie das geht.

Datum: ______________________

# Medienfiguren kennen

Viele Figuren aus Büchern und aus dem Fernsehen findest du überall in deiner Umwelt. Pippi Langstrumpf oder den kleinen Drachen Kokosnuss gibt es auf Brotdosen oder Müsliverpackungen. Mit den Figuren wird also für ein Produkt geworben.

1 Welche Figuren findest du in deiner Umwelt? Nenne Beispiele.

Figur: ______________________ Produkt: ______________________

Figur: ______________________ Produkt: ______________________

2 Mit welcher Figur würdest du werben?
Gestalte ein Produkt, zum Beispiel eine Tasse oder Bettwäsche.

3 Sieh dir deine Lieblingsseite im Internet an. Gibt es dort Werbung? Notiere.

Internetseite: ______________________ Werbung: ja ☐ nein ☐

4 Untersucht eine Kinderseite mit Werbung.
Wofür wird geworben?

______________________

______________________

______________________



Informationen, Daten und ihre Quellen sowie dahinterliegende Strategien und Absichten erkennen und kritisch bewerten

# Werbung erkennen

Werbung gibt es überall: Es gibt Plakate, Werbespots im Fernsehen, Anzeigen in Zeitschriften oder Zeitungen, auf Straßenbahnen oder in Prospekten und im Internet.
Vor allem im Internet ist Werbung oft schwer erkennbar.

**1** Timo interessiert sich für Ritter. Besonders toll findet er die Online-Spiele. Untersuche Timos Lieblingsseite im Internet. Was ist Werbung? Kreise ein.

**2** Vergleicht eure Ergebnisse.
Woran habt ihr Werbung erkannt? Wo seid ihr unsicher?

> Klicke Werbung im Internet nicht an!

**3** Auf manchen Kinderseiten könnt ihr die Werbung ausschalten.
Wie geht das? Informiert euch.

# Informationen sorgfältig prüfen

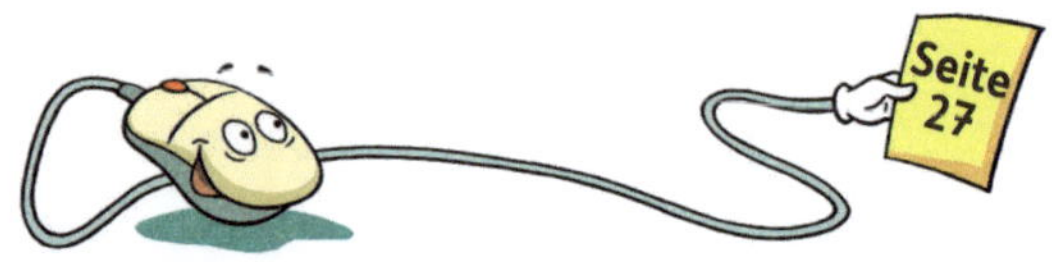


In Zeitungen, im Fernsehen oder Radio und im Internet kannst du aktuelle Informationen und Nachrichten bekommen.
Für Kinder gibt es spezielle Angebote, zum Beispiel:

- im Fernsehen: „Wissen macht Ah!“
- im Internet: www.kindersache.de

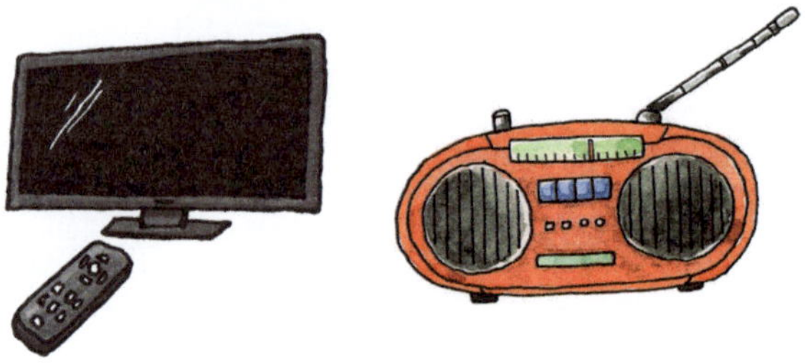

*Besprich mit deinen Eltern oder Lehrern, welche Internetseiten du besuchst.*

**1** Welche Sendungen oder Internetseiten mit Kindernachrichten kennst du? Notiere.

______________________________

______________________________

Das Internet ist wie eine riesige Bücherei. Du kannst zum Beispiel: Texte lesen, Filme oder Fotos ansehen, dich informieren oder spielen.

*Nutze Kinder-Suchmaschinen, denn sie*
- *prüfen die Inhalte, bevor sie Internetseiten anbieten.*
- *enthalten meistens keine Werbung.*

Achtung: Im Internet gibt es auch
- versteckte Werbung,
- falsche Informationen und Nachrichten,
- Angebote, für die extra bezahlt werden muss,
- Texte und Bilder, die dich erschrecken können.

**2** Richtig oder falsch? Kreise die passenden Buchstaben ein.

| | richtig | falsch |
|---|---|---|
| Spiele im Internet sind immer kostenlos. | M | K |
| Werbung ist manchmal nicht gut zu erkennen. | I | A |
| Nicht alles ist wahr, was im Internet steht. | N | T |
| Auf Kinderseiten gibt es nie Werbung. | L | O |

Lösungswort: ____________

Datum: ____________________

# Fallen im Internet erkennen

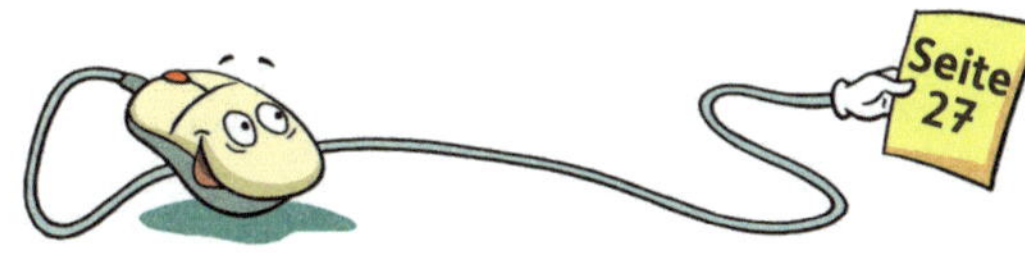


Auf vielen Internetseiten findest du tolle Angebote, zum Beispiel: kostenlose Spiele, Ausmalbilder, Musik und Fotos.
Ein Klick genügt, und du kannst etwas ausdrucken oder herunterladen.

Der Begriff **downloaden** kommt aus dem Englischen und heißt herunterladen.
Achtung: Manche Downloads kosten Geld.

Timos Bruder Jakob hat sich die neuen Songs seiner Lieblingsgruppe aus dem Internet heruntergeladen. Jakob hat seine Adresse angegeben. Aber er hat übersehen, dass er für die Musik bezahlen muss. Jetzt haben seine Eltern eine Rechnung bekommen.

*Frag zuerst deine Eltern oder Lehrer, wenn du etwas herunterladen möchtest. Gib nie deinen Namen, deine Adresse oder E-Mail-Adresse an.*

**1** Was stimmt? Kreuze an.

| | richtig | falsch |
|---|---|---|
| Du kannst alles kostenlos aus dem Internet herunterladen. | ☐ | ☐ |
| Frag immer erst einen Erwachsenen, bevor du auf OK klickst. | ☐ | ☐ |
| Du kannst Texte und Bilder aus dem Internet herunterladen. | ☐ | ☐ |
| Auch bei Gewinnspielen solltest du vorher fragen, ob du mitmachen darfst. | ☐ | ☐ |
| Mach den Computer aus, wenn du versehentlich etwas heruntergeladen hast. Dann passiert nichts. | ☐ | ☐ |

★ **2** Wie könnt ihr erkennen, ob ein Download Geld kostet? Überlegt gemeinsam.

# Im Internet recherchieren

Ich überlege mir, was ich wissen will, und notiere Fragen zu meinem Thema. Dann suche ich passende Suchbegriffe:

- Flugzeug
- Flugzeug Erfinder

Im Browser öffne ich eine Kinder-Suchmaschine.
In das Suchfeld tippe ich die Suchbegriffe ein.

Ich prüfe die Ergebnisliste:
Welches Ergebnis passt zu meinem Thema?
Nicht immer sind die ersten Treffer die besten.

Ich öffne die passenden Internetseiten und lese die Texte.
Ich prüfe, ob es weitere Informationen gibt: Fotos, Filme oder Hinweise zu anderen interessanten Internetseiten.

Ich schreibe die Antworten zu meinen Fragen auf.
Manchmal kann ich Texte oder Bilder ausdrucken.

Ich notiere auch die Internetadresse der Seite, auf der ich die Informationen gefunden habe.



Themenrelevante Informationen und Daten aus Medienangeboten filtern, strukturieren, umwandeln und aufbereiten

# Geeignete Informationen auswählen

Ich suche Informationen mit
Kinder-Suchmaschinen oder
in einem Online-Lexikon für Kinder.
Hier finde ich Informationen,
die für Kinder geeignet sind.

Auch auf diesen Internetseiten werden mir weitere Internetseiten angeboten, auf denen ich Informationen zu verschiedenen Themen finden kann.

Ich schaue genau hin.
Werbung sieht manchmal
wie echte Information aus.
Ich bin vorsichtig, bevor ich etwas
anklicke.

Ich glaube nicht alles,
was ich im Internet finde.
Manche Informationen sind alt.
Manche Informationen sind falsch.

Ich frage zuerst meine Eltern oder Lehrer,
wenn ich etwas herunterladen möchte.
Oft ist es verboten,
etwas herunterzuladen.
Manche Angebote kosten Geld.

Ich behalte meine persönlichen
Daten für mich.
Im Internet nenne ich niemals
meinen echten Namen,
meine Telefonnummer oder
meine Adresse.

# Kommunizieren und kooperieren

Datum: ______________________

## Miteinander kommunizieren

**Kommunizieren** heißt, jemandem etwas mitzuteilen.

**1** Habt ihr schon einmal Postkarten geschrieben. Tauscht euch aus.

**2** Wie hast du schon einmal kommuniziert? Kreuze an.

| | schon benutzt | noch nicht benutzt |
|---|---|---|
| E-Mail | ☒ | ☐ |
| SMS | ☐ | ☐ |
| Brief/Postkarte | ☐ | ☐ |
| Telefon | ☐ | ☐ |
| MMS | ☐ | ☐ |
| ______________ | ☐ | ☐ |

Datum: ____________________

# Verschiedene Kommunikationswege kennen

Ihr könnt fast immer miteinander kommunizieren. Sogar, wenn ihr weit voneinander entfernt seid. Für einen Brief brauchst du nur einen Stift und Papier. Für eine E-Mail benötigst du ein technisches Gerät. Manchmal passt eine Art zu kommunizieren besser als die andere. Wie man miteinander kommuniziert, hängt also auch von dem Grund ab.

**1** Welchen Kommunikationsweg würdest du wählen?
Manchmal passen mehrere Wege. Verbinde.

| Grund | Kommunikationsweg |
|---|---|
| Kommunion eines Freundes • | • Gedicht auf einem Schmuckblatt |
| Verabredung mit einer Freundin • | • Brief mit guten Wünschen |
| Beinbruch der Trainerin • | • E-Mail |
| 70. Geburtstag der Oma • | • Glückwunschkarte |
| Anmeldung zum Fußballcamp • | • Internettelefonat mit Video |
| Dank für Geburtstagsgeschenk • | • persönlicher Besuch im Krankenhaus |
| Verwandten in Amerika die neue Katze zeigen • | • Telefonanruf |

**2** Vergleicht eure Ergebnisse.

★ **3** Welche Möglichkeiten kennt ihr noch?
Schreibt Gründe und Kommunikationswege auf.

______________________________________________

______________________________________________

______________________________________________

______________________________________________

______________________________________________

# E-Mails versenden

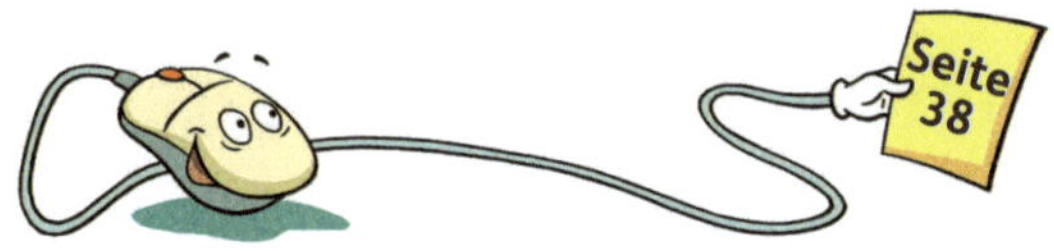


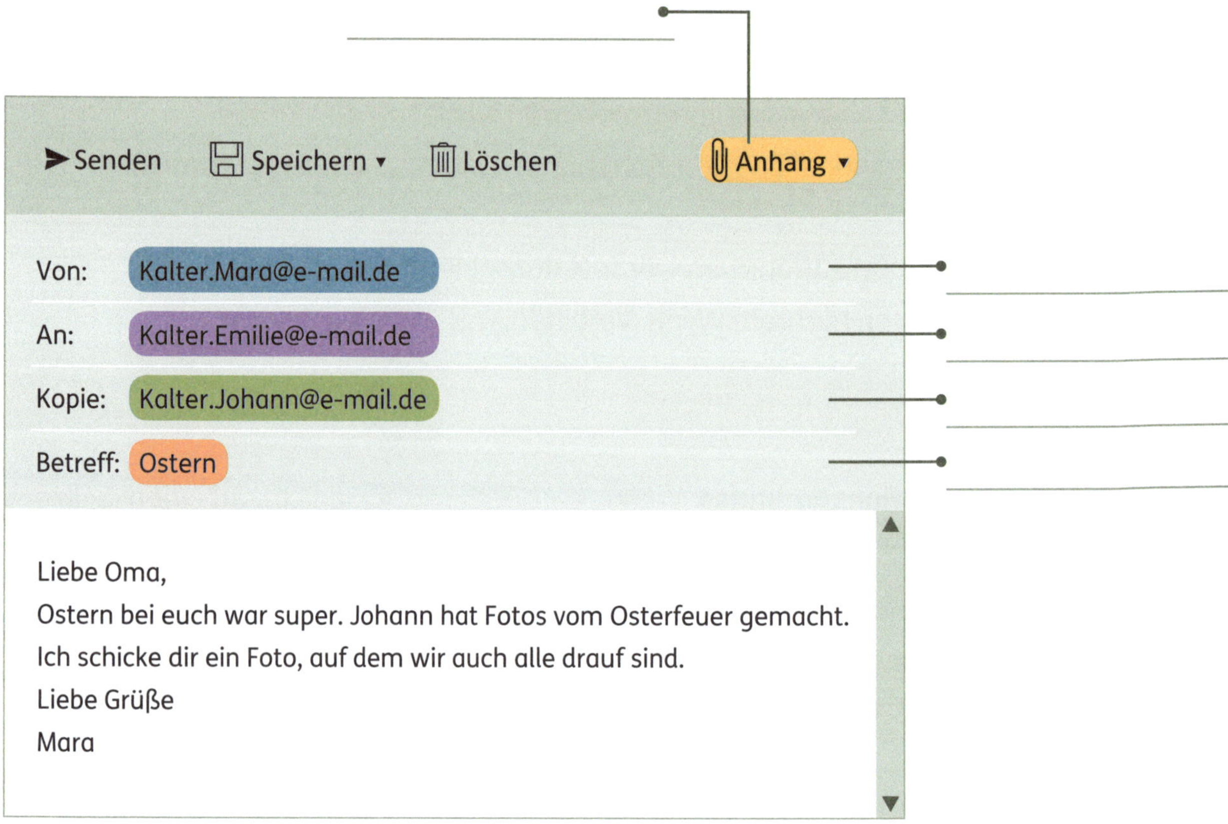


**1** Beschrifte die E-Mail mit den passenden Begriffen.
Absender (Wer verschickt diese E-Mail?)
Empfänger (Wer soll diese E-Mail bekommen?)
Titel (Um was geht es in dieser E-Mail?)
Zusätzliches (Was wird noch verschickt?)

Der Begriff **E-Mail** kommt aus dem Englischen und heißt: elektronische Post.
Die E-Mail-Adresse musst du richtig schreiben. Denke an das @-Zeichen.
Auch die Endung der E-Mail-Adresse ist wichtig (.de oder .com).

**2** Schreibe die E-Mail-Adresse deiner Schule auf.

______________________________________________

**3** Wie tippt ihr am Computer das @-Zeichen? Probiert es aus.

**4** Die Schrift in einer E-Mail kann verändert werden:
andere Schrift, andere Schriftgröße oder andere Farbe. Probiert es aus.

Datum: ______________________

# Gefühle ausdrücken

Du kannst mit dem Smartphone Textnachrichten verschicken. Eine SMS ist kurz, deswegen werden oft Abkürzungen und Emojis verwendet. Ein Emoticon oder Emoji ist ein Bildzeichen. So kannst du zeigen, wie du dich fühlst.

**SMS** ist die Abkürzung für den englischen Ausdruck Short Message Service. Das heißt Kurznachrichten-Dienst.

**1** Diese Emojis werden sehr oft verschickt. Was können sie bedeuten? Kreuze an.

- ☐ Ich lache mich kaputt.
- ☐ Ich bin total traurig.
- ☐ Ich habe mir wehgetan.

- ☐ Ich bin geschockt.
- ☐ Ich finde das lustig.
- ☐ Ich weiß gar nicht, wie ich dir danken soll.

*Frage nach, wenn du nicht sicher bist, ob du das Emoji richtig verstanden hast. So kannst du Missverständnisse vermeiden.*

**2** Vergleicht eure Ergebnisse.

**3** Zeichne deinen Lieblingsemoji. Wann benutzt du ihn? Schreibe auf.

______________________________________________

______________________________________________

**4** Denke dir passende Namen für diese Emojis aus.

__________ __________ __________ __________ __________

★ **5** Wann würdest du diese Emojis verschicken? Erzähle.

# Anhänge versenden

Mit einem Computer oder Smartphone kannst du Textdateien, Fotos, Filme oder gesprochene Nachrichten versenden.
Wenn du willst, kannst du sogar ein Lied singen und verschicken.

Fotos und Filme können in unterschiedlicher Qualität verschickt werden.
Je besser die Qualität, desto länger dauert es, die Daten zu laden.
Das verbraucht dann viel Zeit und Datenvolumen.

*Du musst um Erlaubnis bitten, wenn du ein Foto eines anderen Menschen aufnehmen, versenden oder im Internet veröffentlichen willst.*

**1** Hast du schon einmal einen lustigen Film auf dem Smartphone gesehen? Erzähle.

**2** An wen würdest du einen Film verschicken? Was wäre in deinem Film zu sehen? Schreibe auf.

______________________________________________

______________________________________________

______________________________________________

______________________________________________

______________________________________________

Datum: ____________________

# Nachrichtendienste kennen

Es gibt für Smartphones Nachrichtendienste wie WhatsApp, Signal oder Telegram.
Mit diesen Nachrichtendiensten kannst du Fotos oder Filme versenden und gleichzeitig mit mehreren Personen chatten.

*Du brauchst das Einverständnis deiner Eltern, um diese Nachrichtendienste zu nutzen.*

**Chatten** bedeutet plaudern. Ein **Chat** ist ein Treffpunkt oder eine bestimmte Gruppe im Internet. Alle Chat-Teilnehmer müssen online sein.

**1** Nachrichtendienste haben gute und schlechte Eigenschaften.
Kennzeichne die folgenden Aussagen mit **+** (gut) oder **–** (schlecht).

**2** Vergleicht eure Ergebnisse.

*Es ist nicht immer einfach, Nachrichten zu löschen. Überlege dir vorher genau, wem du was schickst.*

Datum: ______________________

# Soziale Netzwerke kennen

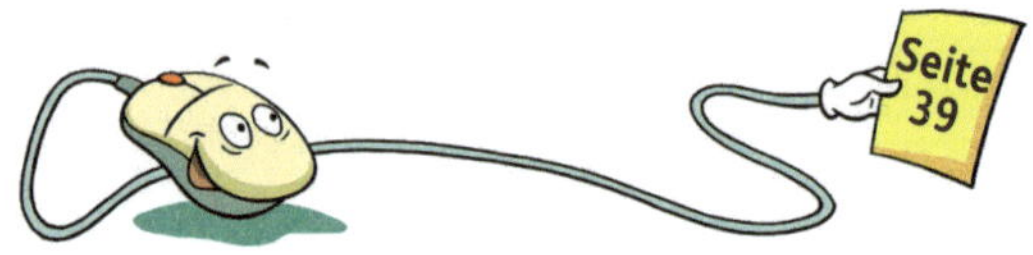


Menschen erzählen gerne anderen ihre Erlebnisse oder teilen sie online in sozialen Netzwerken wie Snapchat, Instagram, Twitter oder Facebook mit anderen.
Jedes Mitglied muss sich mit einem Profilnamen und einem Passwort einloggen.

*Du brauchst das Einverständnis deiner Eltern, um soziale Netzwerke zu nutzen.*

Der **Profilname** wird auch Nutzername oder Nickname genannt.

**Achtung:** Viele Inhalte sind für Kinder nicht geeignet. Es gibt kaum Kontrolle, wenn dir jemand Nachrichten schreibt oder ihr miteinander chattet.
Es gibt spezielle soziale Netzwerke für Kinder:

- Sie werden von Erwachsenen betreut. Sie achten darauf, dass sich alle Teilnehmer an die Regeln halten.
- Beiträge werden geprüft, bevor sie veröffentlicht werden.
- Oft gibt es bestimmte Zeiten zum Chatten.

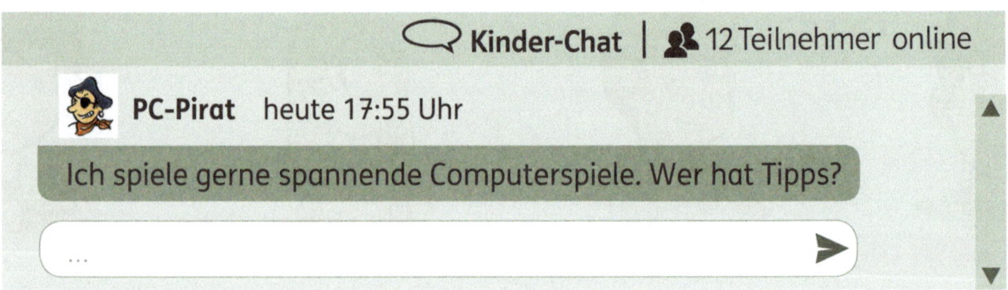


**1** Ein Passwort für einen Chat darf von anderen nicht erraten werden.
Welches Passwort ist sicher? Kreuze an.

☐

☐

☐

**2** Halina hat sich für ihr Passwort einen Satz ausgedacht, den sie sich gut merken kann. Wie ist Halinas Passwort aufgebaut? Erklärt.

Ich habe zwei große Brüder und eine kleine Schwester. Passwort: **Ih2gBu1kS**

★ **3** Überlege dir einen Profilnamen für dich. Denke daran, nicht zu viel von dir zu verraten.

Datum: ____________________

# Ein Internetprofil bewerten

In sozialen Netzwerken stellen sich viele Menschen in ihrem Profil vor.

Ein **Profil** ist ein Steckbrief.

Da du nicht weißt, wer das liest, beachte diese Regeln:

- Nenne keine persönlichen Informationen von dir, deiner Familie und deinen Freunden, zum Beispiel keine Telefonnummer, Adresse oder den echten Namen.
- Achte darauf, welche Fotos du hochlädst oder auf dem Handy als Profilbild nutzt. Frage vorher deine Eltern.

**1** Amina möchte ein sicheres Profil erstellen. Kreuze passende Inhalte an.

**Profilbild**

| | | |
|---|---|---|
| ☐  | ☐  | ☐  |

**Profilname**

| | | |
|---|---|---|
| ☐ AminaHasani | ☐ Rittermädchen | ☐ Amina9Jahre |

**Wohnort**

| | | |
|---|---|---|
| ☐ Nordrhein-Westfalen | ☐ Köln | ☐ Bäckerweg 5 40548 Köln |

**Hobbys**

| | | |
|---|---|---|
| ☐ Chatten | ☐ montags in der Turnhalle am Bergweg Trampolin springen | ☐ Trampolin springen |

**Was ich nicht mag**

| | | |
|---|---|---|
| ☐ Luise Kramer aus der 4a, sie ist sooo eingebildet. | ☐ schlechtes Wetter | ☐ viele Hausaufgaben |

**2** Vergleicht eure Ergebnisse. Begründet eure Meinungen.

Datum: ______________________

# Chatten und bloggen

Sicher im Internet:

- Glaube nicht alles, was du liest.
- Lass die Webcam aus und schicke keine Fotos an unbekannte Personen.
- Triff dich nicht ohne deine Eltern mit unbekannten Personen aus dem Chat.
- Verhalte dich fair und freundlich.

**1** Was würdest du in einem Chat machen und was nicht? Kreuze an.

| | ist okay | lieber nicht |
|---|---|---|
| Ich verwende meinen echten Namen. | ☐ | ☐ |
| Ich nenne mein Lieblingshobby. | ☐ | ☐ |
| Ich schicke einem unbekannten Jungen ein Foto von mir. | ☐ | ☐ |
| Ich gebe Tipps, wenn ich mich in einem Thema gut auskenne. | ☐ | ☐ |
| Ich schreibe über meine Sorgen, bestimmt hilft mir jemand. | ☐ | ☐ |
| Ich gebe meine Adresse weiter. | ☐ | ☐ |
| Ich verrate mein Passwort. | ☐ | ☐ |

**2** Vergleicht eure Ergebnisse. Begründet eure Meinungen.

Es ist kompliziert, etwas wieder löschen zu lassen.
Aber wenn etwas von dir im Internet steht,
was du nicht möchtest, hast du ein Recht darauf,
es löschen zu lassen.

*Überlege dir gut, was alle über dich wissen dürfen und welche Fotos du zeigen willst.*

**3** Informiert euch über Chats und Blogs für Kinder, zum Beispiel:
http://chat.kindersache.de/
http://www.oliswildewelt.de/schnatterraum/
https://www.die-bloggerbande.de/

Ein **Blog** ist wie ein Internet-Tagebuch, zu dem auch andere ihre Meinung schreiben können.

**4** Weißt du das? Kreuze an.
In einem Blog steht der neueste Eintrag immer

☐ ganz unten, ☐ an der Seite, ☐ ganz oben.

Datum: ____________________

# Cybermobbing erkennen

Auch im Internet verhalten sich nicht alle Menschen fair. Sie schreiben gemeine Sachen über andere oder veröffentlichen peinliche Fotos von anderen. Beim Cybermobbing weißt du oft nicht, wer dich beleidigt, wenn der Täter einen Profilnamen verwendet.

i Beim **Cybermobbing** wird jemand im Internet gemobbt, also beleidigt, geärgert oder bedroht.

Oft trauen sich die Opfer nicht, sich zu wehren. Sie fühlen sich wehrlos, weil ganz viele andere Menschen diese Sachen gesehen haben.

**1** Wie werden Timo und Halina gemobbt? Notiere Stichwörter.

Timo: ____________________

____________________

Halina: ____________________

____________________

**Tipps für den Umgang mit Cybermobbing:**

- Antworte nicht auf Cybermobbing und mobbe auch nicht zurück.
- Informiere deine Eltern und auch die erwachsenen Betreuer in einem sozialen Netzwerk.
- Wenn du mit der Veröffentlichung eines Fotos von dir nicht einverstanden bist, hast du das Recht, es löschen zu lassen.

Das ist die **Nummer gegen Kummer: 116 111**
Dort kannst du kostenlos anrufen und dich beraten lassen. Deinen Namen musst du dabei nicht nennen. Du kannst auch eine E-Mail schreiben.

# Eine E-Mail schreiben

Ich starte ein E-Mail-Programm und öffne eine neue E-Mail.

Neue E-Mail

Ich tippe die E-Mail-Adresse in das Textfeld „**An**“ ein. Ich prüfe, ob alles richtig ist. Dann schreibe ich in die Betreffzeile, worum es in der E-Mail geht.

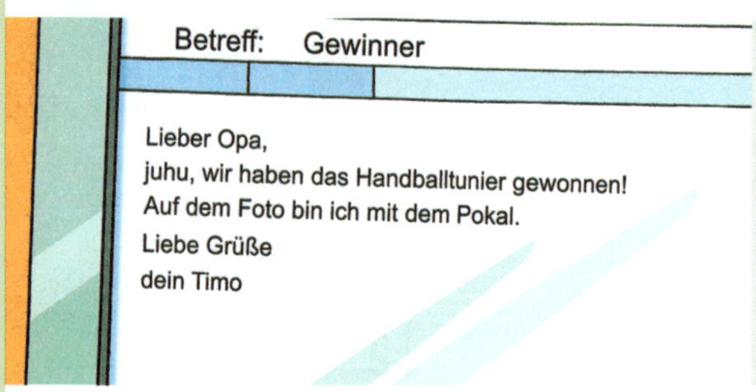


In das Textfeld tippe ich den Inhalt der E-Mail. Ich achte auf die Anrede und verabschiede mich mit einem netten Gruß.

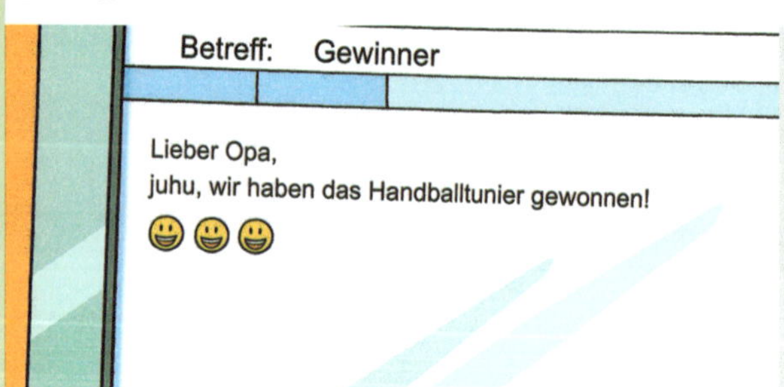


Ich kann Emojis ergänzen und die Schrift gestalten.

Ich kann Fotos oder Filme hinzufügen. Dabei achte ich auf die Datenmenge.

Anhang ▾

Wenn meine E-Mail fertig ist, lese ich noch einmal alles durch. Dann klicke ich auf **Senden**.

➤ Senden

# Mit anderen chatten

Ich spreche mit meinen Eltern,
wenn ich mit anderen chatten möchte.
Wir suchen einen Chat im Internet,
der für Kinder geeignet ist,
und von Erwachsenen moderiert wird.

Zuerst suche ich mir einen Profilnamen
und lege mein Profil an.
Dabei passe ich gut auf,
was ich in mein Profil schreibe.
Bei Fotos bin ich besonders vorsichtig.

Ich verhalte mich fair und freundlich.
Was ich nicht selbst erleben möchte,
das mache ich auch nicht mit anderen.

Fotos von anderen darf ich nur
mit deren Einverständnis verschicken
und hochladen.

Ich glaube nicht alles,
was andere im Chat schreiben.
Manche Informationen sind falsch.

Ich kann meine Eltern oder in der
Schule um Hilfe bitten, wenn ich
mit Nachrichten am Smartphone
oder im Chat belästigt oder geärgert
werde.

# Produzieren und präsentieren

Datum: ______________________

## Präsentationsmöglichkeiten kennen

**1** Die Kinder haben die Entwicklung des Schmetterlings beobachtet. Jetzt wollen sie ihre Ergebnisse vorstellen. Welche Probleme gibt es? Tauscht euch aus.

**2** Welche Vorteile und Nachteile gibt es bei diesen Präsentationsformen? Verbinde.

| Vorteile | | Nachteile |
|---|---|---|
| alle Informationen werden übersichtlich dargestellt | Plakat | braucht Technik und Strom |
| kann vergrößert werden | Tafelanschrift | braucht viel Platz |
| Gegenstände können angefasst werden | Computer-präsentation | kann nicht vergrößert werden |
| Informationen können gespeichert werden | Ausstellung an Gruppentischen | können nicht alle gleichzeitig ansehen |

Datum: ______________________

# Fotos aufnehmen oder herunterladen

Wenn du Fotos mit einer digitalen Kamera oder mit einem Tablet aufgenommen hast, haben sie merkwürdige Namen, zum Beispiel IMG004.jpg oder 38648.png.
Gib deinen Bildern eigene Namen, damit du sie wiederfinden kannst.
Klicke dazu mit der rechten Maustaste das Bild an. Wähle dann **Umbenennen**.
Nun kannst du dem Bild einen Namen geben.

**1** Welche Namen würdest du diesen Bildern geben? Schreibe auf.

______________________ ______________________ ______________________

Es gibt Bildersuchmaschinen im Internet, bei denen du kostenfrei Fotos für einen Vortrag herunterladen darfst, zum Beispiel:
www.find-das-bild.de
Die Internetseite und den Fotografen oder die Fotografin solltest du bei einem Vortrag angeben.

*Du darfst nicht alle Fotos aus dem Internet herunterladen und nutzen.*

**2** Gib in eine Bildersuche für Kinder einen Suchbegriff ein, zum Beispiel:
Fliegenpilz, Eule, Hafen, ...
Suche dir ein Bild aus und notiere die Angaben.

Internetadresse: www.______________________

Fotograf/Fotografin: ______________________

★ **3** Wenn ihr auf **Herunterladen** klickt, könnt ihr das Foto abspeichern.
Probiert es aus.

*Am besten legt ihr zuerst einen Foto-Ordner an. Speichert dort das Foto.*

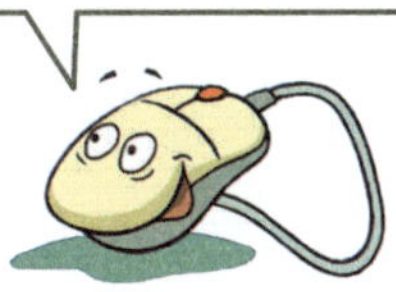

Datum: ____________________

# Zeichenprogramme nutzen

Auf vielen Computern oder Tablets gibt es ein Zeichenprogramm.
Damit kannst du eigene Bilder malen oder Fotos verändern. Du kannst zum Beispiel Formen dazu setzen, Texte schreiben oder Einzelheiten übersprühen.

**1** Was bedeuten die Symbole bei diesem Zeichenprogramm?
Verbinde.

- Farbe aufsprühen
- etwas mit farbigem Pinselstrich bemalen
- einen Text einfügen
- einen Teil des Bildes entfernen
- einen Ausschnitt vergrößern

- ein Viereck zeichnen
- eine gebogene Linie zeichnen
- eine Linie in beliebiger Form zeichnen
- eine Fläche einfärben
- eine gerade Linie zeichnen

**2** Halina hat ein Foto mit dem Zeichenprogramm verändert.
Welche Funktionen hat sie genutzt? Notiere.

**vorher**

**nachher**

______________________________________________

______________________________________________

**3** Welches Foto gefällt dir besser? Begründe.

______________________________________________

______________________________________________

Datum: ______________________

# Einen Comic gestalten

Du kannst mit einem Zeichenprogramm auch einen Comic herstellen.
Denke dir eine kleine Geschichte aus. Überlege:

- Welche Fotos musst du machen?
- Was sagen oder denken die Personen?

Die einzelnen Fotos kannst du dann nebeneinander anordnen.
Setze passende Sprechblasen oder Gedankenblasen dazu.

**1** Was passiert in dem Comic? Erzähle.

**2** Was sagen und denken die Kinder? Schreibe auf.

★ **3** Stellt eine Schulregel als Comic dar.
Macht Fotos und schreibt passende Sprechblasen.

Schulhof sauberhalten | Pflanzen schützen | Streit ohne Fäuste regeln

★ **4** Gestaltet euren Comic mit einem Zeichenprogramm am Computer.

Datum: ____________________

# Ein Daumenkino herstellen

Ein Daumenkino ist wie ein kleiner Film, in dem einzelne Bilder ganz schnell hintereinander ablaufen. Dabei müssen die Figuren und Gegenstände auf jedem Bild die gleichen Farben haben. Die einzelnen Bilder kannst du dann ausschneiden, übereinander legen und an der linken Seite zusammenheften.

**1** Wähle eine einfache Situation, bei der du Veränderungen gut malen kannst. Zeichne Bilder für ein Daumenkino.

Am Computer kannst du ein Daumenkino als Film gestalten.

- Mache mehrere Fotos. Verändere dabei immer eine Kleinigkeit. Halte die Kamera oder das Tablet immer auf der gleichen Höhe.
- Ordne die einzelnen Fotos mit einem Video-Schnittprogramm hintereinander an. Das Programm spielt die Fotos dann schnell wie einen Film ab.

Ein Film aus vielen Einzelbildern heißt **Stop-Motion-Film**.

**2** Mit Stop-Motion-Filmen könnt ihr zaubern. Ihr könnt zum Beispiel durch eine Glastür gehen oder eine Treppe auf dem Bauch hoch rutschen. Wie geht das? Überlegt gemeinsam und notiert Stichwörter.

______________________________________________

______________________________________________

______________________________________________

**3** Gestaltet eigene Stop-Motion-Filme.

Datum: ______________________

# Ein Hörspiel aufnehmen

Viele Kinderbücher gibt es auch als Hörbücher.
Bei Hörspielen gibt es oft mehrere Sprecher, Musik oder Geräusche.
Geräusche für ein Hörspiel könnt ihr selbst machen oder im Internet herunterladen, zum Beispiel bei: www.auditorix.de

**1** Welche Hörbücher oder Hörspiele kennst du? Notiere.

______________________________________________

______________________________________________

**2** Plane ein Hörspiel. Beantworte die Fragen.
Welchen Text willst du aufnehmen?

______________________________________________

Wer spricht welche Rolle?

______________________________________________

______________________________________________

Welche Geräusche brauchst du?

______________________________________________

______________________________________________

**3** Wie kannst du diese Geräusche selbst herstellen? Notiere Stichwörter.

Wind: ______________________________________

Feuer: ______________________________________

Blätterrascheln: ____________________________

Regentropfen: ______________________________

★ **4** Der Tontechniker hat eine besonders wichtige Aufgabe. Was muss er alles beachten? Informiert euch.

Datum: ____________________

# Eine Radioreportage aufnehmen

Beim Radio kannst du anders als beim Fernsehen keine Bilder sehen.
Du musst sie dir deshalb selbst im Kopf vorstellen und ganz genau zuhören.

**1** Welche Radioprogramme kennst du? Notiere.

_______________________________________________

Radio für Kinder gibt es auch im Internet, zum Beispiel den KinderRadioKanal **KiRaKa**.

**2** Öffne eine Internet-Radioseite für Kinder, zum Beispiel **KiRaKa**.
Klicke einen Bereich an. Was findest du besonders interessant? Schreibe auf.

_______________________________________________

_______________________________________________

Da du beim Radio nichts sehen kannst, muss ein Radioreporter Gegenstände, Gefühle und Menschen ganz genau beschreiben. So kann der Hörer sich diese auch vorstellen.

**3** Überlege dir ein Thema für eine Radioreportage. Notiere Stichwörter.

in der Pause | beim Sportunterricht | auf dem Schulweg | ...

_______________________________________________

_______________________________________________

_______________________________________________

**4** Halte deine Reportage vor der Klasse.



Medienprodukte adressatengerecht planen, gestalten und präsentieren;
Gestaltungsmittel von Medienprodukten kennen und hinsichtlich ihrer
Wirkung beurteilen

Datum: ____________________

# Einen Film planen

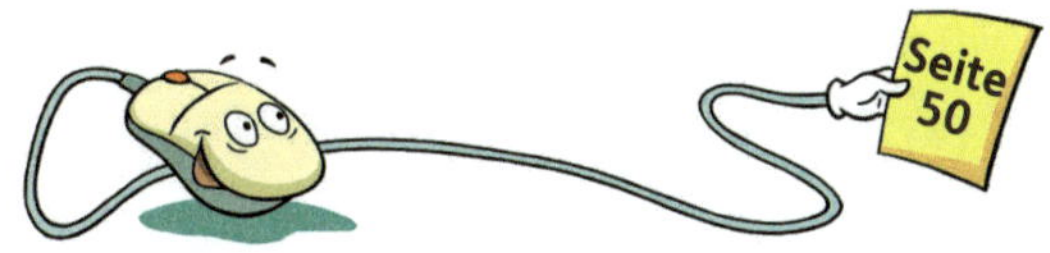


In Spielfilmen wird eine Geschichte erzählt, zum Beispiel ein Märchen.
In Erklärfilmen wird etwas erklärt, zum Beispiel die Lösung einer Mathematikaufgabe.

**1** Was passt zu welchem Film? Kreuze an.

| | Erklärfilm | Märchenfilm |
|---|---|---|
| Der Film besteht aus mehreren Szenen. | ☐ | ☐ |
| Es gibt verschiedene Rollen. | ☐ | ☐ |
| Ich muss die einzelnen Schritte meiner Erklärung genau kennen. | ☐ | ☐ |
| Jede Szene wird einzeln gedreht. | ☐ | ☐ |
| Ich muss laut und deutlich sprechen. | ☐ | ☐ |

Mit einem Smartphone oder Tablet könnt ihr eigene Filme drehen.
Jeder Film muss gut geplant werden:

- Was für einen Film drehen wir?
- Für wen soll der Film sein?
- Wo drehen wir?
- Wer macht was?
- Was brauchen wir?

**2** Was für einen Film würdest du drehen? Notiere Stichwörter.

Was? Erklärfilm oder Spielfilm? ____________________

Für wen? ____________________

Wo? ____________________

Wie? ____________________

Was brauche ich? ____________________

____________________

**3** Seht euch Erklärfilme im Internet an.
Welche findet ihr besonders gut?
Begründet eure Meinung.

# Präsentationsfolien bewerten

Dein Vortrag wird lebendiger, wenn du deinen Zuhörern etwas zeigen kannst, zum Beispiel ein Plakat oder passende Gegenstände.
Du kannst auch einen Versuch vorführen oder mit dem Computer Texte und Bilder auf Folien präsentieren.

Die Seiten bei einer Computerpräsentation werden **Folien** genannt.

**1** Diese drei Folien haben Kinder für eine Computerpräsentation gestaltet. Welches Kind hat welche Folie gestaltet? Verbinde.

**2** Nicht alles ist gelungen. Welche Tipps kannst du den Kindern geben? Notiere.

_______________________________________________

_______________________________________________

_______________________________________________

Datum: ______________________

# Einen Beitrag im Internet veröffentlichen

Wenn du einen interessanten Text geschrieben hast oder ein besonders schönes Bild fotografiert hast, kannst du deine Arbeit im Internet vielen Menschen zeigen. Dazu kannst du dir eine eigene Webseite erstellen.

**Webseite** ist ein anderes Wort für Internetseite.

Ganz leicht geht das mit Primolo. Das ist eine Internetseite für Kinder.

Auch im Internet gelten Regeln:

- Wenn du Beiträge oder Bilder von anderen ins Internet stellst, musst du angeben, wo du sie gefunden hast.
- Veröffentliche nichts, was andere beleidigen könnte.

**1** Max spielt sehr gut Fußball. Er berichtet davon gerne im Internet. Welche Stellen können andere Kinder kränken? Unterstreiche.

*Gestern haben wir gegen die Nichtskönner aus der 4a gespielt.*
*Wir haben 4:1 gewonnen, obwohl bei uns der dicke Paul in der Verteidigung war.*
*Alle hatten viel Spaß und wir haben uns über den Sieg gefreut.*
*Der Gegner hat uns fair gratuliert, nur Finn hat die ganze Zeit geheult.*
*Wir haben gleich ein neues Spiel verabredet.*

**2** Zu welchem Thema würdest du gerne Beiträge veröffentlichen? Kreuze an.

- [ ] Sport
- [ ] Tiere
- [ ] Weltraum
- [ ] Mein Heimatort
- [ ] Bücher
- [ ] Filme
- [ ] Spiele
- [ ] ______________________

**3** Informiert euch über die Angebote auf der Internetseite Primolo.

## Einen Film drehen

Wir überlegen zuerst:
- Was für einen Film wollen wir drehen?
- Wem wollen wir den Film zeigen?

Wir planen:
- Welche Requisiten brauchen wir?
- Wer hat eine Kamera (Smartphone, Tablet)?
- Wo können wir filmen?

Wir überlegen die einzelnen Szenen und schreiben ein Drehbuch:
- Wer ist dabei? Was passiert?
- Wo drehen wir?
- Welche Gegenstände brauchen wir?
- Welche Kamera-Einstellungen brauchen wir?

Wir filmen jede Szene.
Ein Kind prüft, ob alles wie im Drehbuch abläuft.

Am Computer können wir die einzelnen Szenen zu einem Film zusammensetzen.

Wir führen den Film zuerst einer kleinen Gruppe vor, die uns vielleicht noch Tipps geben kann.



Medienprodukte adressatengerecht planen, gestalten und präsentieren; Gestaltungsmittel von Medienprodukten kennen und hinsichtlich ihrer Wirkung beurteilen

# Eine digitale Präsentation erstellen

Ich plane den Inhalt und die Unterthemen meiner Präsentation:
Ich überlege:

- Welche Folien brauche ich?
- Was schreibe ich auf die einzelnen Folien?
- Welche Bilder oder Fotos will ich zeigen?

Ich öffne das Präsentationsprogramm auf dem Computer und wähle:

- eine Hintergrundfarbe für die Folien,
- eine klare und gut lesbare Schrift.

Ich klicke auf **Einfügen** und dann auf **Textfeld**.
Ich schreibe nur kurze Sätze und Stichwörter in das Textfeld.

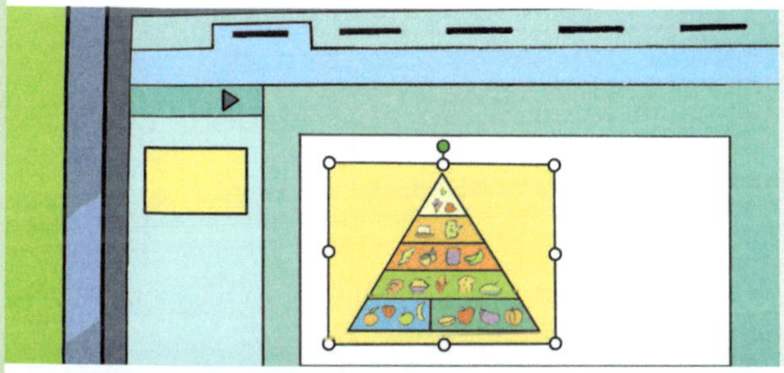

Für Bilder öffne ich ein neues Textfeld.
Ich klicke auf **Einfügen** und dann auf **Grafik oder Fotos**.
Jetzt kann ich mit einem Doppelklick das passende Bild einfügen.

Mit einem Klick auf **Neue Folie** erscheint eine weitere Folie.
Ich verwende so wenige Folien wie möglich.

Ich übe die Präsentation und prüfe, ob die Technik funktioniert.
Bei der Vorführung lese ich nicht nur die Folien vor.
Ich erzähle, was ich sonst noch weiß.

Medienprodukte adressatengerecht planen, gestalten und präsentieren; Gestaltungsmittel von Medienprodukten kennen und hinsichtlich ihrer Wirkung beurteilen

Datum: ____________

# Analysieren und reflektieren

## Verschiedene Medien nutzen

**1** Habt ihr schon einmal Ähnliches erlebt? Erzählt.

Es gibt analoge und digitale Medien. Analoge Medien funktionieren ohne Elektronik. Digitale Medien benötigen elektronische Geräte und Computertechnik.

**2** Welche Medien benutzt du häufig? Trage ein.

| Medium | Nutze ich für ... | Das mache ich damit am liebsten |
|---|---|---|
| | | |
| | | |
| | | |

**3** Auf welches Medium könntest du nicht eine Woche lang verzichten? Markiere.

# Die Geschichte der Medien kennen

Viele Menschen haben ihr Smartphone immer dabei.
So können sie jederzeit telefonieren, Nachrichten schreiben, Musik hören und Fotos machen.
Früher gab es für jede Funktion ein extra Gerät.

**1** Verbinde jedes Bild mit der passenden Beschreibung.

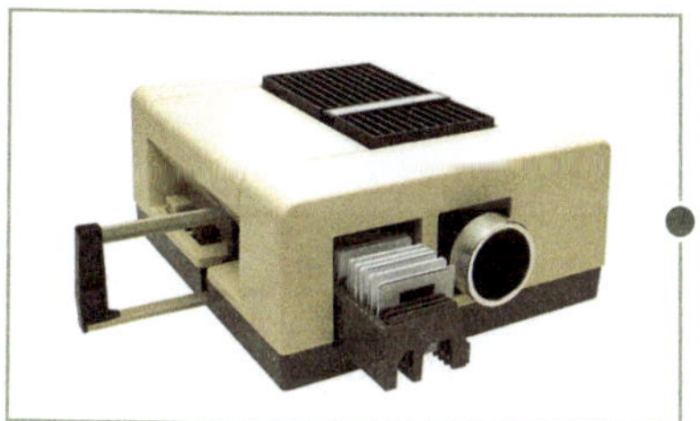

**Diskette:** Auf einer Diskette können Daten gespeichert werden. Aber nicht einmal ein einziges Handyfoto kann auf einer Diskette gespeichert werden.

**Dia:** Fotoaufnahmen können als Dias mit Diaprojektoren an die Wand geworfen werden. Das ist viel billiger als teure Papierabzüge von Fotos.

**Fax:** Schrift oder Bilder werden über die Telefonleitung übertragen und auf Papier ausgedruckt. Das Fax ist schneller als ein Brief.

**Schallplatte:** Mit Schallplatten kann Musik auf einem Plattenspieler abgespielt werden. Auf eine Langspielplatte passen ungefähr 10 Lieder.

★ **2** Welche Medien wurden früher benutzt, um Musik zu hören, Informationen zu speichern oder Nachrichten zu verschicken?
Interviewt eure Eltern und Großeltern.

*Welches Gerät hast du als Kind benutzt, um Musik zu hören?*

*Wie hast du dich beschäftigt, wenn dir an einem Regentag langweilig war?*

*Wann hast du zum ersten Mal einen Computer benutzt?*

Datum: ____________

# Soziale Netzwerke nutzen

In sozialen Netzwerken kann unterschiedlich kommuniziert werden.
Du kannst Bilder oder Videos zeigen oder mit anderen chatten.
Wenn du eine Nachricht oder ein Bild verschickst, postest du.

Das Wort **posten** kommt aus dem Englischen.
Es bedeutet: etwas im Internet veröffentlichen.

**1** Welche sozialen Netzwerke kennt ihr? Tauscht euch aus.

**2** Welche sozialen Netzwerke können genutzt werden? Notiere.

| | |
|---|---|
| Paul mag Tiervideos. Er hat auch ein Video von seinem Hamster online gestellt. | ____________ |
| Mira tauscht Nachrichten und Fotos mit ihrer Handballtruppe. | ____________ |
| Lazlos Oma in Polen schaut sich gerne auf Fotos an, was ihre Enkel machen. | ____________ |
| Nesrin liest alles über berühmte Menschen unter dem Stichwort #berühmt. | ____________ |

Nachrichten zu einem Thema können zusammengefasst werden. Dafür werden sie mit einer Raute **#** und einem Stichwort benannt, zum Beispiel: #schulbrot.
Die Raute vor dem Stichwort wird **Hashtag** genannt.

**3** Wer hat diesen Chat begonnen? Kreuze an.

- ☐ Du hast es gut. Hier in Köln regnet es.
  #Reinfall #Sommerferien
- ☐ Ich sitze hier am Pool in Italien und es ist wirklich heiß.
  #Sommerferien #blauerHimmel
- ☐ Ich schwimme lieber im Meer.
  #Meer #Sommerferien
- ☐ Besser als bei mir. Aber bald bin ich auch weg.
  #ichkannnichtmehr #Sommerferien

★ **4** Wie machst du ein #-Zeichen mit dem Computer oder auf dem Smartphone?
Probiere es aus.

Datum: ______________________

# Möglichkeiten sozialer Netzwerke kennen

Soziale Netzwerke bieten sehr viel:

- Du kannst dich informieren.
- Du kannst dich mit anderen austauschen.
- Du kannst Freunde, Hilfe und Anerkennung finden.

**1** Was wäre dir wichtig? Kreuze an.

**2** Warum sind soziale Netzwerke so beliebt? Tauscht euch aus.

★ **3** In einem sozialen Netzwerk können viele Leute sehr schnell miteinander kommunizieren. Denkt euch einen Chat aus und spielt in verteilten Rollen vor.

Hast du schon Hausaufgaben gemacht?

Bin noch dran. Nummer 3 ist schwer! ☹

Schau mal hier, so hab ich es kapiert:
www.mathe-videos-fuer-alle.de

Wow, danke. So ging es richtig schnell.

# Werbung in sozialen Netzwerken erkennen

Viele soziale Netzwerke sind scheinbar kostenlos.
Doch sie bekommen von den Firmen Geld dafür, dass sie Werbung zeigen.

**1** Was ist Werbung? Kreise ein.

Im Internet gibt es viele Videos, in denen Menschen aus ihrem Leben erzählen und dabei zeigen, welche Produkte sie toll finden. Das soll die Zuschauer überzeugen, die Sachen auch zu kaufen. Oft werden sie von Firmen für die Werbung bezahlt.
Achtung: Werbung in Videos muss erkennbar sein.

Bekannte Darsteller in Internetfilmen werden **Influencer** genannt.
Das bedeutet Beeinflusser.

**2** Sina macht Werbung in ihrem Video. Wie macht sie das? Kreuze an.

- ☐ Sina sagt, dass sich die Zuschauer die Sachen auch kaufen sollen.
- ☐ Sina nennt und zeigt keine Produkte.
- ☐ Sina nennt nur die Nachteile eines Produkts.
- ☐ Sina sieht immer toll aus.
- ☐ Sina zeigt, was sie sich heute gekauft hat.
- ☐ Sina gibt nur Tipps für Matheaufgaben.

Datum: ______________________

# Gefahren in sozialen Netzwerken erkennen

In sozialen Netzwerken versuchen auch Firmen und andere Nutzer, dich zu beeinflussen. Es werden zum Beispiel Wünsche geweckt, damit du etwas kaufst.

**1** Wie wird hier beeinflusst? Verbinde.

| | |
|---|---|
| Cem hat gelesen, dass die Welt bald untergeht. Das macht ihm Angst. | Wer wenige Freunde im Netzwerk hat, fühlt sich unbeliebt. |
| Ayshe hat das teure Spiel gekauft, das Sina in ihrem Video gezeigt hat. | Unauffällige Werbung in einem Video weckt Kaufwünsche. |
| Akikos Freundinnen kennen alle schon das neue Online-Spiel. | Wer nicht mitmacht, wird zum Außenseiter. |
| Halina will auch so viele Freunde im Netz haben wie ihre Freundin Cara. | Menschen sind traurig, weil sie sich mit Videostars vergleichen. |
| Rami ist genervt, denn ständig kommen neue Nachrichten. | Es gibt falsche Informationen, die Angst machen. |
| Timo will auch so cool sein wie der Videostar Jannes. | Alle sollen immer und überall erreichbar sein. |

Achtung bei Kettenbriefen: Es gibt Nachrichten, die du an alle anderen weiterleiten sollst. Viele Kettenbriefe sind fies oder können Angst machen. Andere können Adressen von deinem Handy klauen oder Viren verbreiten, die dein Handy schädigen.

Wenn du diese Nachricht nicht weiterschickst, passiert einem Menschen, den du liebst, ein Unglück.

Du bist der 1000. Besucher auf unserer Homepage. Gib deine Adresse ein und du gewinnst noch heute!

**2** Was solltest du bei einem Kettenbrief machen? Kreuze an.

| | richtig | falsch |
|---|---|---|
| Ich sende den Kettenbrief an alle weiter. | ☐ | ☐ |
| Ich informiere meine Eltern. | ☐ | ☐ |
| Ich klicke alle Links an. | ☐ | ☐ |
| Ich kann unbekannte Nummern sperren. | ☐ | ☐ |
| Ich sage allen, dass ich keine Kettenbriefe will. | ☐ | ☐ |

Datum: ______________________

# Falsche Freunde erkennen

Sei vorsichtig in sozialen Netzwerken und glaube nicht alles, was andere über sich erzählen.
Manche Teilnehmer geben ein falsches Alter an, zeigen geklaute Bilder und erzählen Lügen.

**1** Wem kannst du etwas über dich erzählen? Kreuze an.

| | meinen Eltern | meinen Freunden | im Internet |
|---|---|---|---|
| Name und Adresse | ☐ | ☐ | ☐ |
| Alter | ☐ | ☐ | ☐ |
| Augenfarbe und Haarfarbe | ☐ | ☐ | ☐ |
| besondere Kennzeichen | ☐ | ☐ | ☐ |
| Hobbys | ☐ | ☐ | ☐ |
| Lieblingsmusik | ☐ | ☐ | ☐ |
| Lieblingsbuch | ☐ | ☐ | ☐ |
| Sternzeichen | ☐ | ☐ | ☐ |
| Was ich toll finde | ☐ | ☐ | ☐ |
| Was ich nicht mag | ☐ | ☐ | ☐ |
| Namen meiner Freunde | ☐ | ☐ | ☐ |

**2** Was erzählt ihr Fremden auf der Straße, was erzählt ihr Fremden im Internet? Vergleicht.

*Sprich mit deinen Eltern oder Lehrern, wenn dich jemand im Internet ausfragen will.*

Viele Internetseiten bieten einen Bereich zur **Privatsphäre** an. Hier kannst du mit deinen Eltern oder Lehrern festlegen, welche Informationen für wen zu sehen sind.

**3** Untersucht Internetseiten mit Chats. Öffnet die Einstellungen: ⚙
Wie könnt ihr eure privaten Informationen schützen?

______________________________________________

______________________________________________

______________________________________________

______________________________________________

Datum: ______________________

# Digitale Spiele kennen

Digitale Spiele kannst du alleine oder mit anderen spielen.
Es gibt Actionspiele, Geschicklichkeitsspiele, Sportspiele, Lernspiele, ...

Für **digitale Spiele** brauchst du einen Computer, ein Tablet, Smartphone oder eine Spielekonsole.

**1** Puppen, Brettspiel oder digitales Spiel? Was und womit spielst du am liebsten? Schreibe auf.

| **Spiel** | **digital?** | |
|---|---|---|
| ______________________ | ☐ ja | ☐ nein |

**2** Welches digitale Spiel magst du besonders gerne?
Was ist daran besonders toll? Kreuze an.

**Spiel:** ______________________

- ☐ Es ist spannend.
- ☐ Ich bekomme Punkte, wenn ich gut bin.
- ☐ Ich kann in eine Rolle hineinschlüpfen.
- ☐ Ich kann mit anderen zusammen spielen.
- ☐ Es ist mit meiner Lieblingsfigur.
- ☐ Ich muss sehr geschickt sein.
- ☐ Die Grafik ist fantasievoll.
- ☐ ______________________

Genau wie Filme sind nicht alle digitalen Spiele oder Apps für Kinder geeignet. Die Altersangabe der USK hilft, Kinder und Jugendliche zu schützen.

USK ab 6 freigegeben

*Achte bei digitalen Spielen auf das USK-Siegel.*

Geeignete Online-Spiele mit Altersangaben findest du auch auf speziellen Kinderseiten im Internet.

*Hier findest du tolle Online-Spiele: www.internet-abc.de*

**3** Alle haben die neue App mit dem Dinospiel, nur Lia nicht.
Habt ihr schon einmal Ähnliches erlebt? Tauscht euch aus.

# Lernspiele nutzen

Verkehrsregeln, Tiere, Mathematik, ... im Internet findest du viele Online-Spiele und Apps, mit denen du lernen kannst.

**1** Welche Lernspiele kennt ihr? Tauscht euch aus.

*Hier findest du viele Lernspiele:*
*www.blinde-kuh.de*
*www.games4kidz.de*

**2** Welches Lernspiel würde dich interessieren? Begründe.

**Der Mathedrache**
ab 10 Jahre
installieren

Der Mathedrache sammelt Dracheneier. Für jede richtige Aufgabe rettest du ein Drachenei. Aber Vorsicht: Am Ende lauert die Quadratzahlen-Hexe mit den schwierigsten Aufgaben.

**London guide**
ab 8 Jahre
installieren

Mit Annie und Tom erkundest du London und lernst dabei Englisch.

**Professor Zweistein**
ab 8 Jahre
installieren

Professor Zweistein zeigt in Videos Experimente, die du zu Hause nachmachen kannst. Dann schickst du ihm deine Ergebnisse als Sofort-Nachricht.

Ich würde gerne ______________________________ spielen,
weil ______________________________
______________________________.

**3** Wie könnt ihr mit dem Handy, Tablet oder PC ein Bildschirmfoto eines Online-Spiels machen? Informiert euch und probiert es aus.

Ein **Bildschirmfoto** ist ein Foto von dem, was du auf dem Bildschirm oder auf dem Handy siehst. Das Foto wird auch Screenshot genannt.

Datum: ____________________

# Über Mediennutzung nachdenken

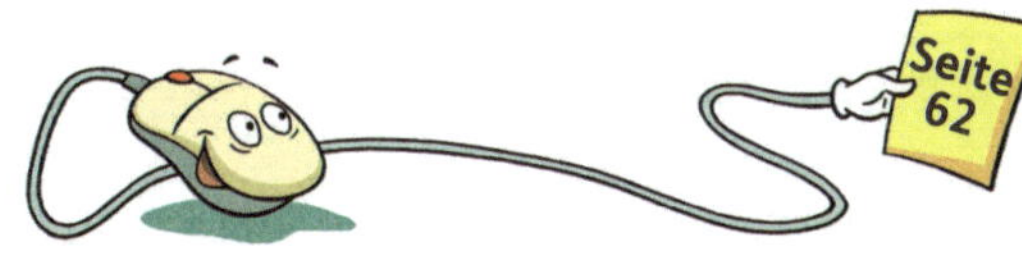

**1** Kennt ihr ähnliche Situationen? Erzählt.

**2** Welche Regeln findest du sinnvoll? Kreuze an.

- ☐ Ich darf jeden Tag eine Stunde fernsehen.
- ☐ Ich darf mit meiner Sportgruppe chatten.
- ☐ Einmal in der Woche gibt es einen fernsehfreien Tag.
- ☐ Ich bespreche mit meinen Eltern, was ich am Computer spiele.
- ☐ Wenn ich Hausaufgaben mache, bleibt das Radio aus.

**3** Halinas Klasse hat eine Umfrage gemacht. Beantworte die Fragen.

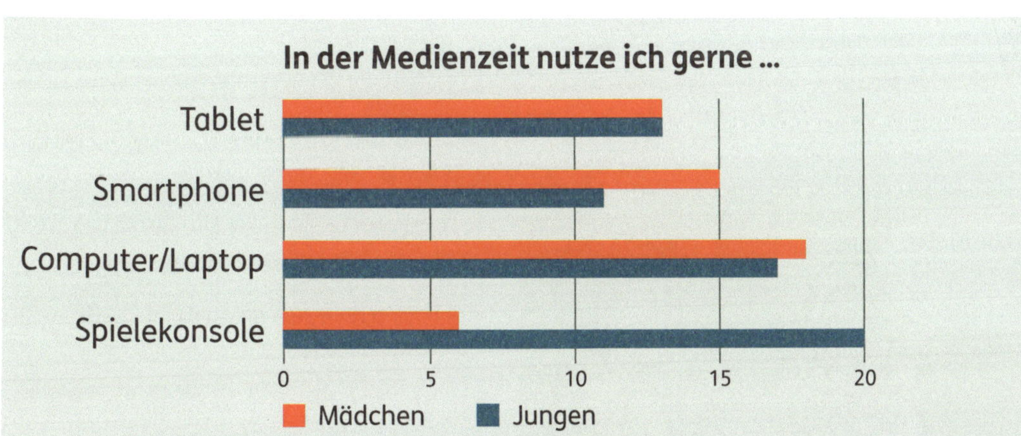


Welches Gerät nutzen Mädchen am liebsten? ____________________

Welches Gerät nutzen Jungen am liebsten? ____________________

**4** Macht eine Umfrage in eurer Klasse und erstellt ein Balkendiagramm.
Ihr könnt euch weitere Fragen überlegen.

Wozu nutzt du das Gerät?

# Ein Medientagebuch führen

Ein Medientagebuch hilft mir, meine Mediennutzung zu beobachten:
- Welche Medien nutze ich?
- Wie viel Zeit verbringe ich mit ihnen?

Ich überlege, wie ich das Medientagebuch anlegen will:
- Welche Medien will ich beobachten?
- Wie lange will ich beobachten?

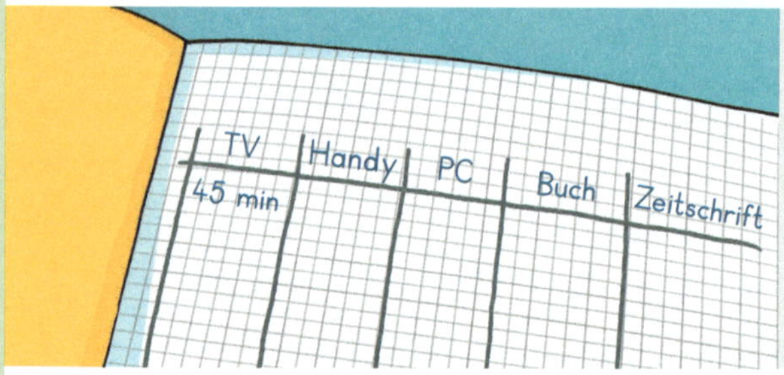


Ich überlege mir Fragen:
- Wie lange nutze ich die Medien?
- Wo und wie nutze ich sie? Zu Hause oder in der Schule, alleine oder mit anderen.

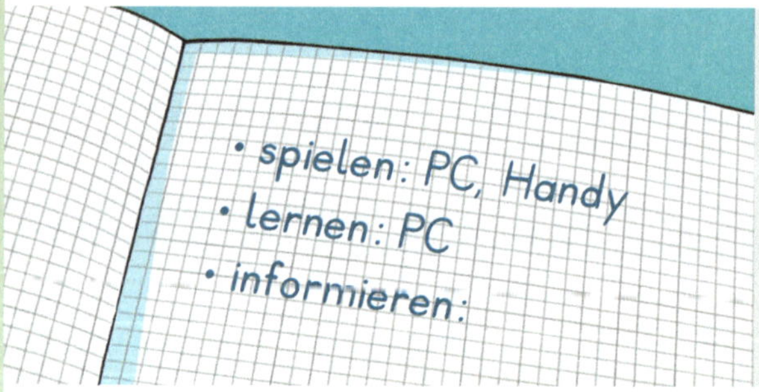


Ich notiere, wozu ich welche Medien nutze:
- spielen,
- lernen,
- informieren,
- mit anderen austauschen,
- ...

Ich bewerte meine Mediennutzung:
- Das nutze ich am liebsten.
- Das nutze ich gar nicht.

Ich überlege, ob ich etwas ändern möchte.



Wirkung und Folgen des Medienhandelns erkennen;
Mediennutzung selbstverantwortlich regulieren

# Digitale Spiele vorstellen

Wir überlegen, welche digitalen Spiele wir untersuchen und bewerten wollen:
- Online-Spiel, Computerspiel oder Spiele-App?
- Art des Spiels: Action, Lernen, Sport, Geschicklichkeit, ...?

Wir prüfen die Angaben zu dem Spiel:
- Was für ein Spiel ist es?
- Gibt es eine Altersangabe?
- Ist das Spiel kostenlos?

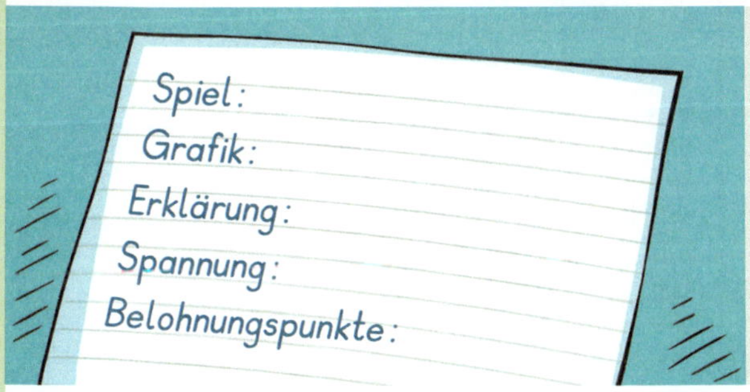


Wir überlegen, was wir prüfen wollen:
- Grafik
- Erklärung
- Spannung
- Belohnungspunkte
- ...

Wir testen das Spiel und notieren Stichwörter.

Wir überlegen, wie wir das Spiel vorstellen können, zum Beispiel:
- Spiel vorführen und dazu erzählen
- Plakat mit Stichwörtern erstellen
- Bildschirmfoto machen und Spielszenen beschreiben

Wir stellen die Spiele in der Klasse vor:
- Spiel nennen und beschreiben
- Bild zeigen
- Spiel bewerten

# Problemlösen und modellieren

Datum: ____________________

## Computergesteuerte Systeme kennen

Damit Ampeln automatisch funktionieren, werden Befehle von Computern ausgelöst: Wenn Fußgänger Grün haben, müssen die Ampeln für Autos auf Rot stehen. Computer können auch mehrere Ampeln hintereinander so steuern, dass Fußgänger und Autofahrer ohne lange Wartezeiten und ohne Stau vorankommen.

**1** Wie startet Halina die Kette von Befehlen für die Ampel? Überlegt gemeinsam.

**2** Was wird noch mit Computern gesteuert?
Kreuze an.

| | | |
|---|---|---|
| ☐ Rolltreppe | ☐ Kochtopf | ☐ Spülmaschine |
| ☐ Auto | ☐ Eingangstür im Kaufhaus | ☐ Radiergummi |

**3** Was würdest du gerne mit einem Computer steuern?
Notiere Stichwörter.

____________________

____________________

Datum: ______________________

# Befehle ordnen

Jedes Computerprogramm muss verschiedene Schritte ausführen.
Jeder Schritt ist ein Befehl.
Diese Befehle müssen in der richtigen Reihenfolge ausgeführt werden.
Auch Rezepte, Spiel- oder Bastelanleitungen sind eine Reihe von Befehlen.

**1** Das Rezept ist durcheinandergeraten. Nummeriere in der richtigen Reihenfolge.

| | |
|---|---|
| | Teig auf einer glatten Oberfläche ausrollen |
| | auf das Backblech legen und 10 Minuten bei 180 °C backen |
| 1 | Butter, Milch, Zucker und Salz in einer Schüssel verrühren |
| | Mehl und Backpulver unterheben |
| | auskühlen lassen und dekorieren |
| | Backblech mit Backpapier auslegen |
| | zu einem Teig verkneten |
| | Plätzchen ausstechen |

**2** Was ist wichtig für eine gute Anleitung? Kreuze an.

- ☐ Ich achte auf die Reihenfolge.
- ☐ Ich beschreibe genau.
- ☐ Ich schreibe mit bunten Farben.
- ☐ Ich verwende passende Verben.
- ☐ Ich benutze viele lustige Wörter.
- ☐ Ich schreibe möglichst komplizierte Sätze.
- ☐ Ich kann Zeichnungen verwenden, die meiner Anleitung helfen.

**3** Lies zuerst den ganzen Text. Male dann.

Male zuerst ein blaues Quadrat
in die untere Hälfte des Rahmens.
Male dann ein rotes Dreieck auf das Quadrat.
Die beiden Formen teilen sich eine Kante.
Eine Spitze des Dreiecks zeigt nach oben.
Male zum Schluss ein sehr kleines grünes
Rechteck an eine Seite des Dreiecks.

# Eine Anleitung schreiben

**1** Schreibe die Anleitung.

quadratisches Papier | Ecke | knicken | aufmalen | umfalten | abknicken | diagonal falten

1 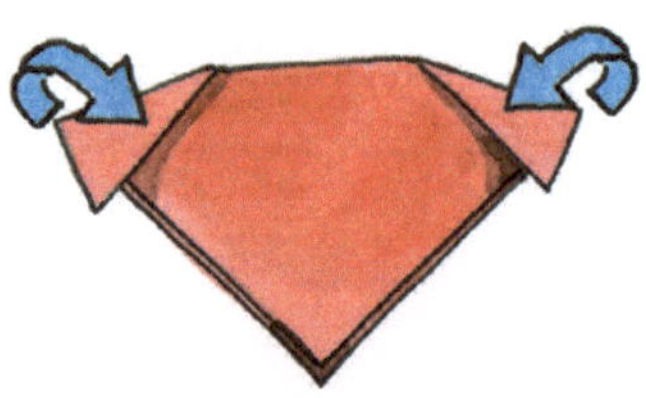

2 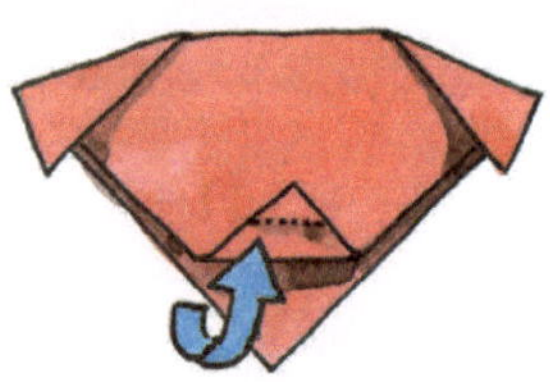

3 

4 

5 

6 

**2** Vergleicht eure Anleitungen.

Datum: ______________________

# Befehle formulieren

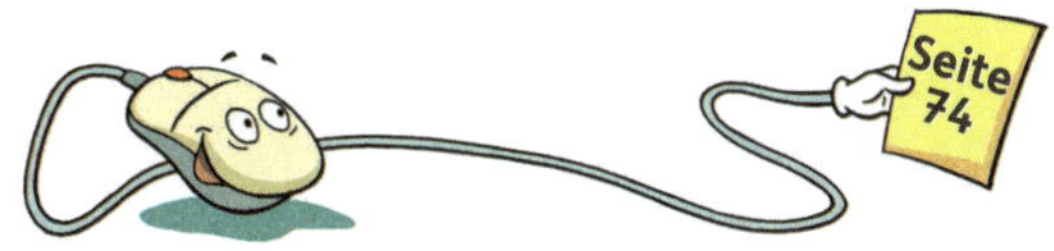


Wenn du einen Computer programmieren willst, musst du eindeutige Befehle eingeben. Nur dann tut das Programm das, was du willst.

**1** Ein Kind programmiert, das andere ist der Zeichenroboter. Wechselt euch ab.

- Überlege dir zwei bis drei Formen und zeichne sie auf. Beginne mit einer einfachen Form wie einem Dreieck. Schwieriger sind Symbole wie Sterne.
- Beschreibe dann die Formen, ohne dabei die Namen („Dreieck“ oder „Stern“) zu sagen. Das andere Kind zeichnet die Formen auf ein Blatt.
- Vergleicht die Formen. Hast du das andere Kind richtig programmiert?

**2** Roboter lenken: Lenkt euch ohne zu sprechen. Wechselt euch ab.

- starten: sanft auf den Kopf tippen
- nach links gehen: auf die linke Schulter tippen
- nach rechts gehen: auf die rechte Schulter tippen
- stehenbleiben: auf beide Schultern gleichzeitig tippen

**3** Achtung! Hier reichen die bisherigen Befehle nicht aus!
Überlege dir einen Befehl, damit der Roboter die Treppe hinuntergehen kann. Schreibe auf.

die Treppe hinuntergehen:

______________________________

______________________________

Datum: ____________________

# Logische Reihen erfinden

Ein Computerprogramm besteht aus Befehlen. Wenn sich ein Befehl mehrmals wiederholen soll, kannst du eine Wiederholungsschleife programmieren. Dazu musst du erkennen, welcher Teil eines Befehls sich wiederholt.

**1** Suche die Schleifen. Setze die Reihen fort.

deDEdeDEd

1470147014

**2** Erfindet eigene Reihen mit Schleifen. Malt oder schreibt den Anfang. Tauscht eure Reihen aus. Das andere Kind setzt sie fort.

**3** Im Internet gibt es Computerspiele, bei denen ihr logische Reihen oder Muster fortsetzen oder gestalten könnt. Probiert es aus.

# Codes kennen

Ein Code besteht aus Zeichen, die eine besondere Bedeutung enthalten.
Du musst den Code entschlüsseln, um die Nachricht zu verstehen.

Beim Morsealphabet wird jeder Buchstabe aus Strichen – und Punkten • zusammengesetzt.
Die Buchstaben können auch mit langen und kurzen Tönen oder Lichtzeichen dargestellt werden.

| | | | | | | | | | | | | | |
|---|---|---|---|---|---|---|---|---|---|---|---|---|---|
| a | ·– | b | –··· | c | –·–· | ch | –––– | d | –·· | e | · | f | ··–· |
| g | ––· | h | ···· | i | ·· | j | ·––– | k | –·– | l | ·–·· | m | –– |
| n | –· | o | ––– | p | ·––· | q | ––·– | r | ·–· | s | ··· | t | – |
| u | ··– | v | ···– | w | ·–– | x | –··– | y | –·–– | z | ––·· | | |

**1** Was bedeutet dieser Satz? Schreibe auf.

| | | | | | | | | | | | |
|---|---|---|---|---|---|---|---|---|---|---|---|
| ·· | –––– | | –·– | ·– | –· | –· | | ·–·· | · | ··· | · | –· |
| I | ___ | | ___ | ___ | ___ | ___ | | ___ | ___ | ___ | ___ | ___ |

**2** Wie funktioniert dieser Code? Ergänze.

| A | B | C | D | E | F | G | H | I | J | K | L | M |
|---|---|---|---|---|---|---|---|---|---|---|---|---|
| D | E | F | G | | | | | | | | | |

| N | O | P | Q | R | S | T | U | V | W | X | Y | Z |
|---|---|---|---|---|---|---|---|---|---|---|---|---|
| | | | | | | | | | | | | |

Im Supermarkt findest du an vielen Produkten einen Strichcode.
In einem Strichcode sind Informationen gespeichert, zum Beispiel:
- was für ein Produkt es ist und was es kostet,
- wer das Produkt hergestellt hat,
- wie viele Exemplare noch vorrätig sind.

Kassen im Supermarkt sind Computer, die den Strichcode lesen können.

**3** Wo findest du Strichcodes? Schreibe mindestens drei Beispiele auf.

______________________________________________

# Den Binärcode kennen

Die Befehle in einem Computerprogramm werden im **Binärcode** geschrieben.
Dieser Code besteht aus den Ziffern **0** und **1**.

Jeder Befehl im Binärcode besteht aus einer bestimmten Folge der Ziffern 0 und 1.
**0** bedeutet: **Strom aus**, **1** bedeutet: **Strom an**.
Der Computer schaltet dann ganz schnell die Spannung an und aus, zum Beispiel:
10100 = an - aus - an - aus - aus

So werden die Zahlen von 1 bis 10 im Binärcode dargestellt:

| | 8 | 4 | 2 | 1 |
|---|---|---|---|---|
| 1 | | | | 1 |
| 2 | | | 1 | 0 |
| 3 | | | 1 | 1 |
| 4 | | 1 | 0 | 0 |
| 5 | | 1 | 0 | 1 |
| 6 | | 1 | 1 | 0 |
| 7 | | 1 | 1 | 1 |
| 8 | 1 | 0 | 0 | 0 |
| 9 | 1 | 0 | 0 | 1 |
| 10 | 1 | 0 | 1 | 0 |

Es wird von Spalte zu Spalte verdoppelt.

Für die **Zahl 7** sind diese Ziffern an:
**4** und **2** und **1**.

**1** Welche Zahlen werden im Binärcode so dargestellt? Schreibe auf.

**11** = 3 ______ **1010** = ______ **111** = ______ **1001** = ______

**2** Welche Zahlen sind hier versteckt? Schreibe mit Hilfe des Binärcodes auf.

✖ = 0 ■ = 1

■✖✖■ = ______ ✖■■✖ = ______ ✖✖✖■ = ______ ✖■✖✖ = ______

**3** Denkt euch Binärcode-Spiele aus. Wer reagiert am schnellsten?

Datum: ______________________

# Entscheidungen treffen

Wir müssen jeden Tag viele Entscheidungen treffen.
Computer können nicht nachdenken und Entscheidungen treffen.
Daher muss beim Programmieren genau vorgegeben werden,
was in bestimmten Situationen passieren soll.

**1** Stell dir vor, heute ist Sportunterricht. Du bist auf dem Weg zur Schule.
Entscheide dich. Folge dem passenden Pfeil.

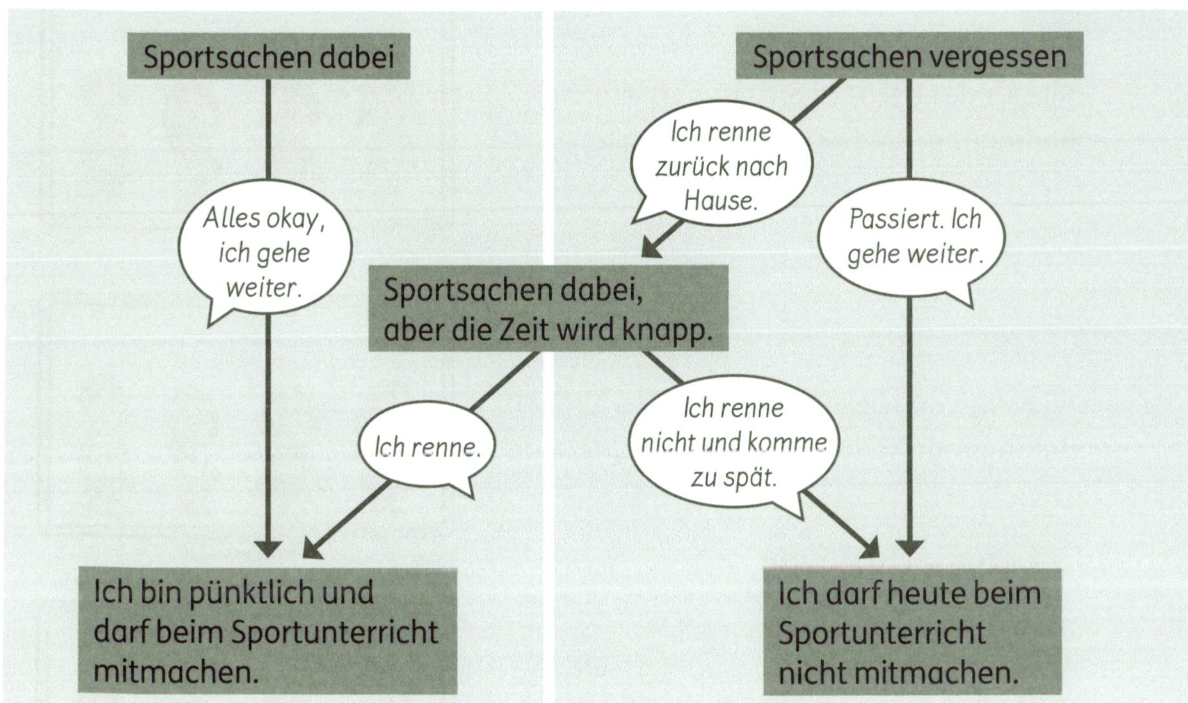


**2** Was gehört zusammen? Lies genau und verbinde.
Es kann auch mehrere Bedingungen geben.

| | |
|---|---|
| Wenn meine Oma zu Besuch kommt, … | … dann gehe ich an den Kühlschrank. |
| Wenn ich Computer spiele, … | … dann darf ich endlich spielen. |
| Wenn ich hungrig bin, … | … dann vergesse ich die Zeit. |
| Wenn ich mein Zimmer aufgeräumt habe und alle Hausaufgaben erledigt sind, … | … dann bekomme ich schlechte Laune. |
| Wenn ich mich langweile, … | … dann bringt sie mir ein Geschenk mit. |

# Den Aufbau von Algorithmen kennen

Damit du eine Anleitung richtig ausführen kannst, musst du bestimmte Voraussetzungen kennen und prüfen. Auch ein Computerprogramm prüft, bevor es einen Befehl ausführt. Es reagiert nur, wenn es eine Bedingung findet, die zum Befehl passt.

**1** Wer bekommt in diesem Computerspiel einen Luftballon? Male Luftballons, wenn die Bedingung passt.

Alle Kinder bekommen einen Luftballon.
**Bedingung:** Kind → **Befehl:** Luftballon

Alle Mädchen bekommen einen Luftballon.
**Bedingung:** Mädchen → **Befehl:** Luftballon

Alle blonden Mädchen bekommen einen Luftballon.
**Bedingung:** Mädchen + blonde Haare → **Befehl:** Luftballon

**2** Welchen Befehl musst du eingeben, damit dieser Turm entsteht? Kreuze an.

**Baue einen Turm**

- ☐ Nimm zuerst ein rotes Dreieck, dann einen grünen Stein und drei blaue Steine.
- ☐ Nimm zuerst einen grünen Stein, dann ein rotes Dreieck und drei blaue Steine.
- ☐ Nimm zuerst einen grünen Stein, dann drei blaue Steine und ein rotes Dreieck.
- ☐ Nimm zuerst drei blaue Steine, dann einen grünen Stein und ein rotes Dreieck.

Datum: ____________________

# Selbst programmieren

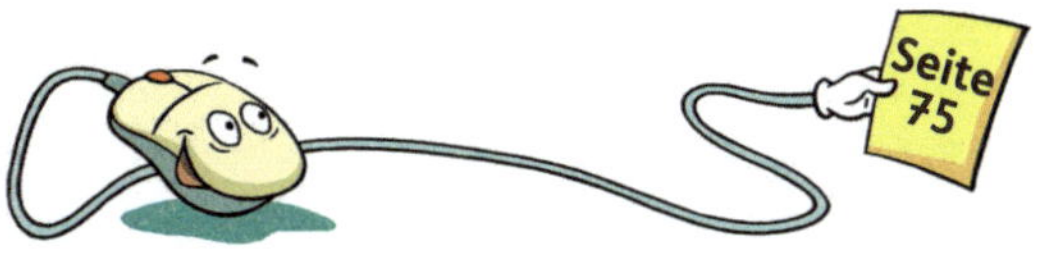


Timo und Halina wollen ein Spiel programmieren.
Timo findet schnelle Autos gut, Halina baut gerne etwas.
Ihr Spiel nennen sie „Schnelle Straßen".
Darin muss ein Rennauto den schnellsten Weg zum Ziel finden.
Die Spieler müssen möglichst kurze Straßen bauen.

**1** Das sind Timos und Halinas Tasten. Verbinde mit dem passenden Befehl.

→ ← ↑

gerade Straße | Rechtskurve | Gas geben | Linkskurve

**2** Welche Taste gibt es in dem Spiel „Schnelle Straßen" noch nicht?
Notiere den Befehl und male ein passendes Zeichen.

____________________ ☐

**3** Kennst du die Bedeutung dieser Programmier-Wörter?
Kreuze an.

| | richtig | falsch |
|---|---|---|
| Ein **Befehl** ist eine klare Anleitung. | ☐ | ☐ |
| Der **Binärcode** heißt so, weil Bienen ihn zuerst entdeckten. | ☐ | ☐ |
| Ein **Level** ist ein ganz besonderer Befehl. | ☐ | ☐ |
| **Programmieren** heißt, einem Computer genaue Befehle zu geben. | ☐ | ☐ |

Im Internet gibt es spezielle Kinderseiten und Apps, mit denen ihr lernen könnt, selbst ein Computerprogramm zu erstellen.

**4** Öffne eine Kinder-Suchmaschine im Internet. Gib den Suchbegriff „programmieren" ein.
Welches Angebot findest du interessant? Begründe.

____________________

____________________

# Befehle eingeben

Wenn wir selbst programmieren,
müssen wir verstehen,
wie Computer funktionieren:
Wir überlegen zuerst, was das Ziel ist,
zum Beispiel: eine Figur durch ein Labyrinth zu steuern.

Wir überlegen, was passieren soll,
und formulieren dafür eindeutige Befehle, zum Beispiel:
3 Felder geradeaus gehen.

Wir überlegen:
Was soll der Roboter können?
Welche Befehle brauchen wir?

| | |
|---|---|
| geradeaus | = 1 Schritt gehen |
| links | = nach links gehen |
| rechts | = nach rechts gehen |
| anfangen | = los |

Jeder Befehl bekommt ein Zeichen.
Dann brauchen wir nicht immer wieder die langen Befehle aufzuschreiben.

Wir geben alle Befehle ein, die wir brauchen, um ans Ziel zu kommen.
Jeder Schritt ist ein eigener Befehl.
Manche Befehle müssen wir also mehrmals eingeben.

Wir lassen das Programm laufen.
Wenn etwas falsch läuft,
suchen wir nach dem falschen Befehl und ändern ihn.

## Einen Computercode erstellen

Ich suche mit Hilfe einer Kinder-Suchmaschine eine Internetseite, mit der ich einen Computercode erstellen kann, zum Beispiel: www.programmieren.wdrmaus.de

Um eine Figur zu programmieren, überlege ich zuerst, welche Bewegungen sie ausführen soll. Dann wähle ich die entsprechenden Befehle aus und ordne sie an.

Ich entscheide, wie die Figur läuft. Ich überlege auch, wie meine Figur und meine Landschaft aussehen soll.

Ich teste mein Spiel, indem ich alle Befehle einmal starte. Wenn sich ein Fehler eingeschlichen hat, suche ich ihn und ändere den Befehl.

Ich speichere mein Programm, damit nichts verloren gehen kann.

Ich lasse mein Spiel von anderen Kindern testen. Vielleicht haben sie noch Vorschläge zur Verbesserung.

# Computer- und Internetregeln sammeln

Computer und Internet bieten viele Möglichkeiten:
Im Internet findet ihr Informationen, Filme und Spiele.
Ihr könnt online Kontakt zu anderen Menschen bekommen und selbst Bilder und Texte ins Netz stellen.
Dabei könnt ihr Fehler machen, die euch oder anderen schaden.
Ihr könnt euch sogar in Gefahr begeben.
Deshalb müsst ihr Regeln für den Umgang mit dem Computer und dem Internet kennen.

Bildet Gruppen und erstellt Regeln:

- Regeln für den Umgang mit dem Computer
- Regeln für das Internet
- Regeln für Online-Spiele

Überlegt, wie ihr vorgehen wollt und was ihr für die Arbeit benötigt.

Präsentiert eure Ideen den anderen Kindern.

## Regeln für den Umgang mit dem Computer

Überlegt zuerst, warum ihr Regeln für die Arbeit am Computer braucht.

- Was kann alles aus Versehen passieren?
- Was wäre besonders unangenehm?
- Worüber würdet ihr euch sehr ärgern?

Schreibt auf, was euch noch einfällt.
Überlegt gemeinsam:

- Wie könnt ihr Missgeschicke vermeiden?
- Wie geht ihr sicher mit eigenen und fremden Dateien um?

Überlegt euch Regeln und sammelt sie auf einem Plakat.

### Regeln für den Umgang mit dem Computer

**Umgang mit der Hardware**

- Nicht essen, nicht trinken.
- …

**Umgang mit Dateien**

- Papier und Druckertinte sparen.
- …

## Regeln für das Internet

Auch wenn ihr recherchiert und chattet, müsst ihr wichtige Dinge beachten.
Überlegt gemeinsam:

- Warum surft ihr im Internet?
- Welche Erfahrungen habt ihr dabei gemacht?
- Welche Probleme gab es?

Welche Gefahren gibt es im Internet?
Überlegt Regeln, um diese Gefahren zu vermeiden.
Schreibt eine Tabelle.

| Gefahren | Regeln |
|---|---|
| Ich bin plötzlich auf Seiten, die ich gar nicht öffnen wollte. | Ich benutze Suchmaschinen, die mir nur sichere Seiten anbieten. |
| Ich lade ein Bild herunter, das einem anderen gehört. | Ich wähle nur Bilder von Seiten aus, die kostenlos sind. |
| Ich ... | |

Berichtet in der Gruppe von euren Erfahrungen beim Chatten.

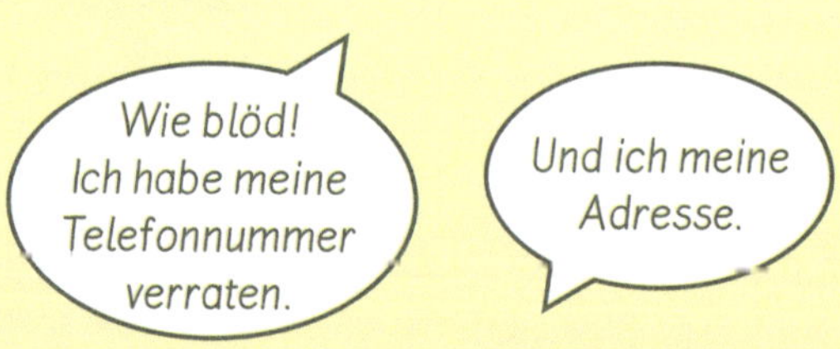

Gestaltet ein Cluster zum Thema Chatten.

Bedienen und anwenden / Informieren und recherchieren / Kommunizieren und recherchieren / Produzieren und präsentieren / Analysieren und reflektieren

## Regeln für Online-Spiele

Worauf achtet ihr bei Online-Spielen, damit es keine Probleme gibt?
Überlegt gemeinsam.

- Welche Spiele spielt ihr?
- Spielt ihr mit anderen zusammen oder alleine?
- Wie verabredet ihr euch, um zusammen online zu spielen?
- Wie viel Zeit verbringt ihr mit digitalen Spielen?

Welche Probleme kann es geben? Wie können sie vermieden werden?

| Problem | Regel |
|---|---|
| Meine Eltern mussten neulich ein teures Spiel bezahlen. | Ich klicke nicht auf „Kaufen" in Spielen. |
| Ich habe eine 5 in Mathe geschrieben, weil ich keine Zeit zum Üben hatte. | Ich plane feste Zeiten für meine Online-Spiele ein. |
| Ich treffe mich kaum noch mit Freunden. | Ich ... |
| Ich ... | |

Schreibt am Computer eine Liste mit Tipps für Spiele im Internet.

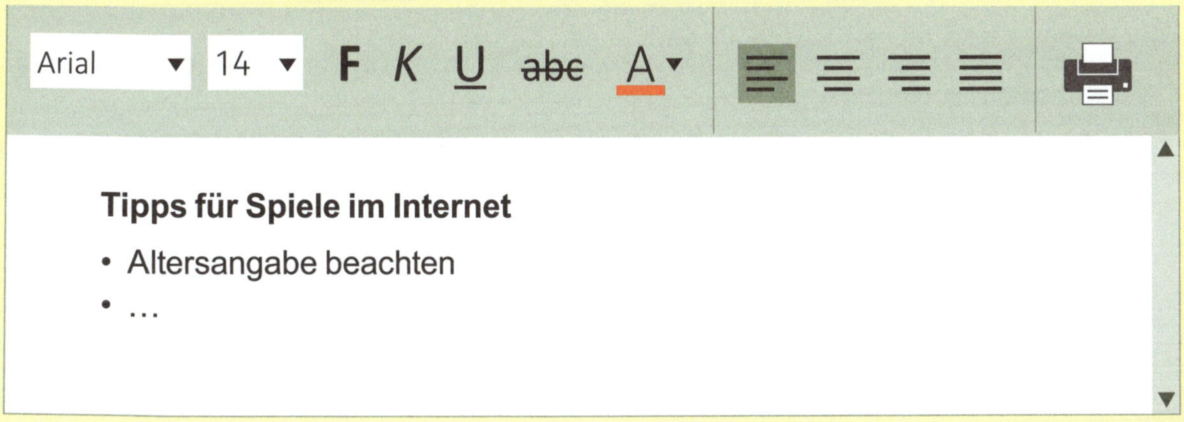

# Eine digitale Präsentation erstellen

Mit einem Vortrag informierst du über ein Thema,
mit dem du dich lange beschäftigt hast.
Dazu kannst du mit dem Computer Texte, Bilder und Filme auf Folien zeigen.

**Entscheide dich für ein Thema.**

**Sammle Ideen.**
In einem Cluster kannst du sammeln, was du zu deinem Thema alles herausfinden möchtest.
Diese Stichwörter können dann auch die Unterpunkte in deinem Vortrag werden.

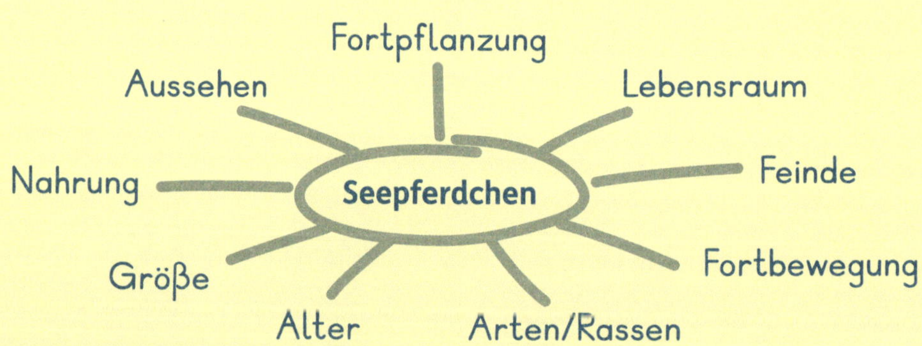


**Sammle Informationen.**

- Suche Informationen zu deinem Thema in Büchern und im Internet.
- Suche Fotos, die du in deiner Präsentation zeigen kannst.
- Überlege, ob du einen kleinen Film oder Geräusche einfügen möchtest.

**Überlege, was du sagen und zeigen willst.**
- Wie viele Folien brauchst du?
- Was willst du auf die einzelnen Folien schreiben?
- Welche Bilder oder Fotos willst du zeigen?

**Teile deinen Vortrag ein:**
**Einleitung, Hauptteil und Schluss**

Die **Einleitung** besteht aus der ersten Folie, auf der das Thema und dein Name stehen. Du kannst ein passendes Bild dazustellen.

Auf die nächste Folie kommt die Gliederung. Sie ist wie ein Inhaltsverzeichnis ohne Seitenzahlen.

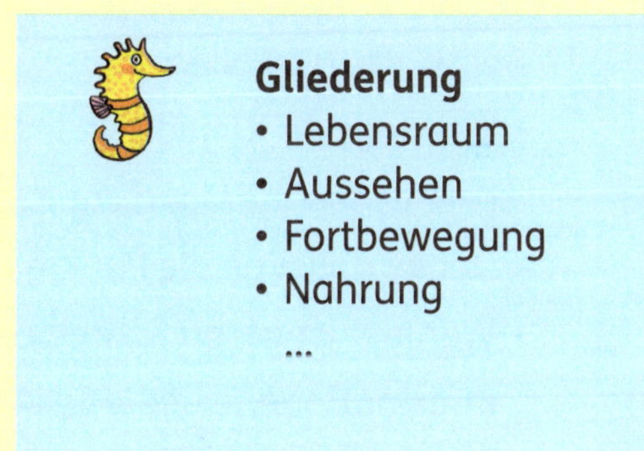


Der **Hauptteil** ist der wichtigste Teil deiner Präsentation. Hier berichtest du über dein Thema. Überlege dir die Reihenfolge der Unterpunkte.

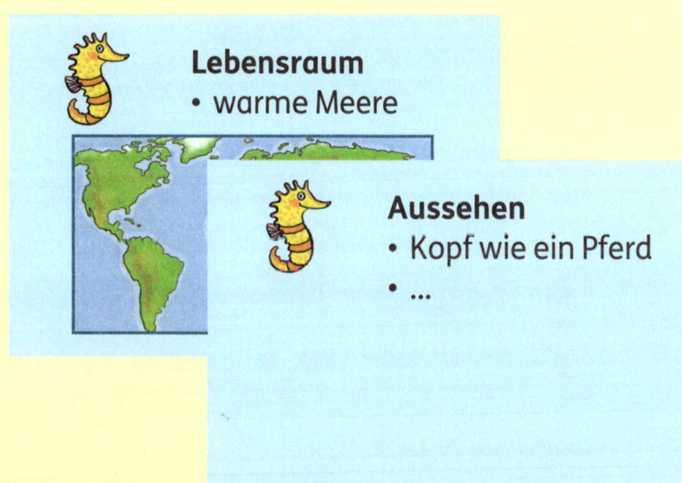


Zum **Schluss** zeigst du das Quellenverzeichnis. Hier nennst du alle Bücher, Zeitschriften und Internetseiten, die du benutzt hast.

**Gestalte die Folien.**
Öffne das Programm für Computerpräsentationen und starte eine neue Präsentation.

Wähle den Folienhintergrund.
- Gestalte deine Folien möglichst einheitlich, dann findet sich das Publikum besser zurecht.

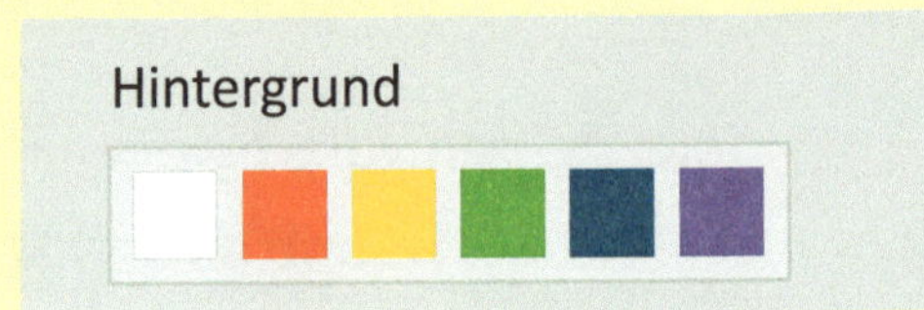


Wähle eine klare und gut lesbare Schrift.
- Nimm eine große Schrift (zum Beispiel Schriftgröße 24), damit alle die Folien gut lesen können.
- Sei sparsam mit unterschiedlichen Farben.

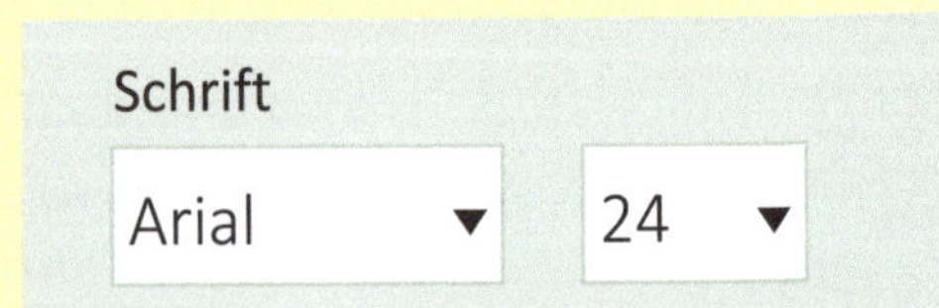


Beschrifte die Folien.
- Überlege dir für jede neue Folie eine passende Überschrift.
- Denke dabei an die Punkte der Gliederung.
- Weniger ist mehr! Schreibe nur die wichtigsten Informationen auf die Folien.

Du kannst Bilder, Videos und Geräusche in die Präsentation einfügen.
- Prüfe, ob du Texte, Bilder und Filme von anderen Menschen verwenden darfst.
- Entscheide, wie die Übergänge von einer Folie zur nächsten Folie sein sollen. Die Übergänge sollten aber nicht vom Inhalt deines Vortrags ablenken.

**Prüfe die Folien.**
- Ist alles drauf?
- Ist alles gut lesbar?
- Sind die Bilder gut zu erkennen?
- Können die Filme abgespielt werden?

**Sichere die Präsentation unter einem passenden Namen.**
Speichern unter: Seepferdchenvortrag

**Übe deinen Vortrag.**

- Überlege dir, was du zu den Folien sagen willst.
- Übe deinen Vortrag einige Male, bevor du ihn vor anderen hältst.
- Probiere die Technik aus. Funktioniert der Beamer?

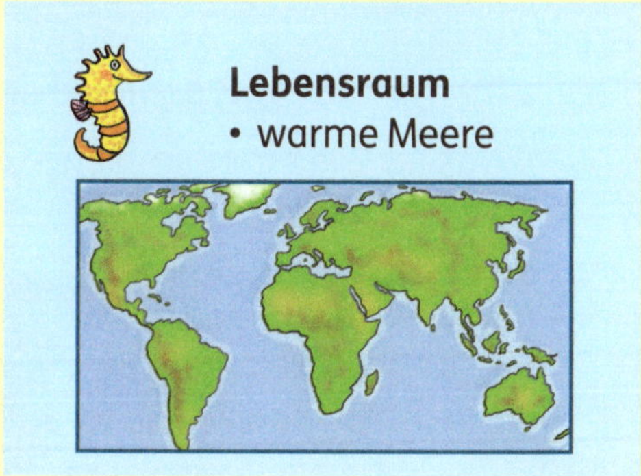


**Halte den Vortrag.**

- Sprich langsam und deutlich. Denke daran, dass für die anderen alles neu und unbekannt ist.
- Mach ab und zu eine Pause. Dann kann dein Publikum über die Informationen nachdenken.
- Sieh das Publikum immer wieder an und starre nicht nur auf die Präsentation.
- Zum Schluss kannst du noch einmal das Wichtigste zusammenfassen und eine Fragerunde starten.

**Tipp:** Du kannst nach dem Vortrag noch ein Handout verteilen. Das ist ein Blatt mit den wichtigsten Informationen in Stichwörtern.

Seepferdchen
Lebensraum: warme Meere
Aussehen: ...

# Einen Erklärfilm drehen

In einem Erklärfilm könnt ihr vorführen, wie etwas gemacht wird oder wie etwas funktioniert. Ihr müsst den Film genau planen. Erklärfilme können zum Beispiel mit Legetechnik oder als Tutorial gestaltet werden.

Im Internet gibt es viele Filme, in denen jemand etwas zeigt und dabei erklärt. Das ist wie eine filmische Gebrauchsanleitung. Diese Art der Erklärfilme heißen **Tutorials**.

Überlegt vorher:

- **Was** wollen wir erklären oder zeigen?
- **Was** brauchen wir?
- **Wo** können wir drehen?

Ihr braucht eine kurze, klare Einleitung, die deutlich macht, worum es geht. Zeigt nur, was wichtig ist. Erklärt kurz, was ihr macht. Ihr müsst die Kameraeinstellung geschickt wählen, damit alles gut erkennbar ist. Informiert euch genau über euer Thema. Dann könnt ihr das gut anderen erklären.

Probt mehrmals, bevor ihr den Film aufnehmt.

**Prüft:** Ist alles gut erkennbar? Ist der Ton gut zu verstehen?

Bei der **Legetechnik** werden ausgeschnittene Bilder oder Papiere auf einen Tisch oder ein großes Blatt Papier gelegt.
Die einzelnen Teile werden mit der Hand bewegt.
Die Legeteile und die Handbewegungen werden gefilmt.
Die Erklärungen werden dazu gesprochen und aufgenommen.

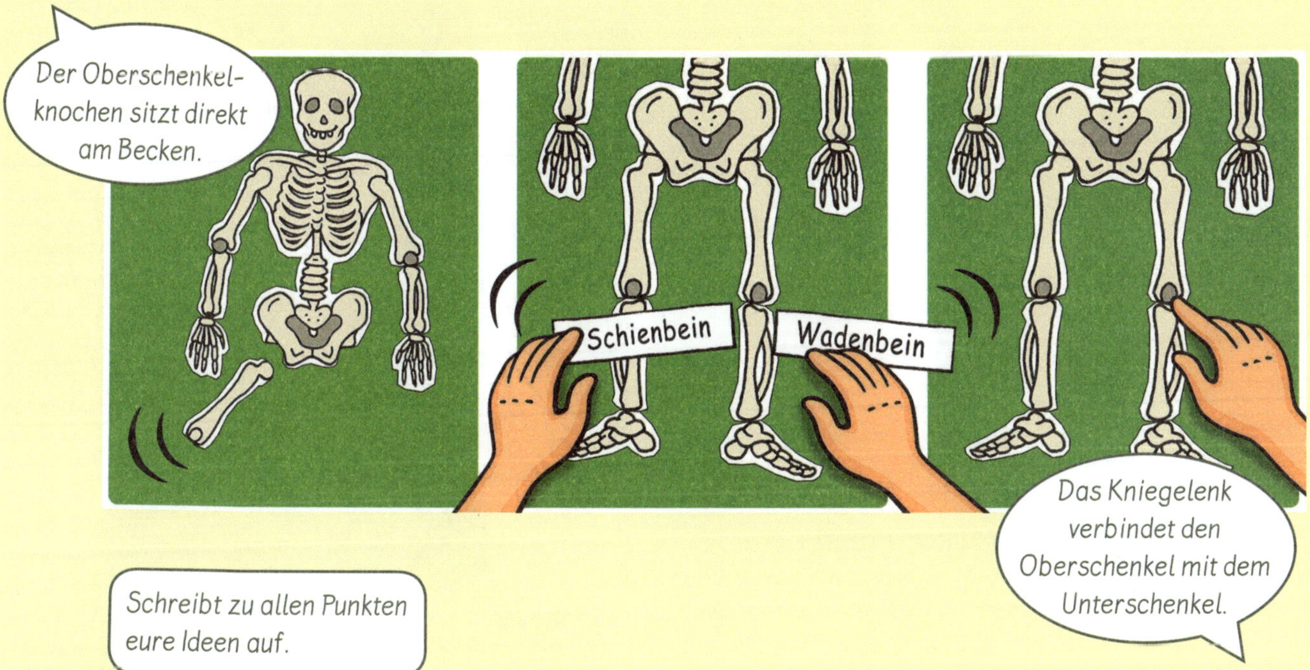

**Was** soll in dem Film erklärt oder gezeigt werden?

**Was** brauchen wir?

**Wo** können wir drehen?

**Welche** Legeteile brauchen wir?
- Was müssen wir ausschneiden?
- Was müssen wir aufschreiben?

**Achtung:**
Es darf nichts aufgeklebt werden, was später bewegt werden soll.

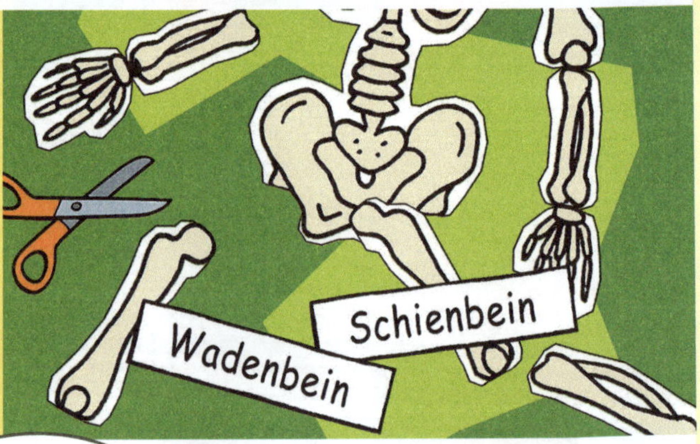


**Wie** soll unser Hintergrund aussehen?

**Wer** macht was?
- Wer hält die Kamera?
- Wer spricht die Texte?
- Wer schiebt die Bilder?
- Wer bewegt die Textkarten?
- Wer kontrolliert die richtige Reihenfolge?

**Welche** Kameraeinstellung ist für die einzelnen Bilder sinnvoll?
- Totale: zeigt die ganze Situation
- Nahaufnahme: zeigt etwas aus der Nähe
- Detailaufnahme: zeigt nur einen Ausschnitt

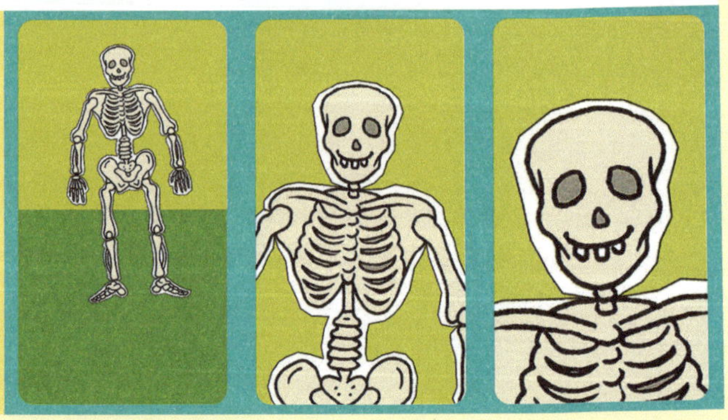

Ein **Storyboard** hilft, den Film zu planen.
Malt und schreibt für jede Szene
- die Bilder, die gezeigt werden,
- die Texte, die gesprochen werden,
- Kameraeinstellungen und Geräusche.

## Szene 1

Was schieben wir hinzu?
Textschild: Schädel

Was wird gesprochen?
Der Schädel besteht eigentlich aus insgesamt 22 bis 30 einzelnen Knochen.

Kameraeinstellung:
Totale

Geräusche/Musik:
keine

## Szene 2

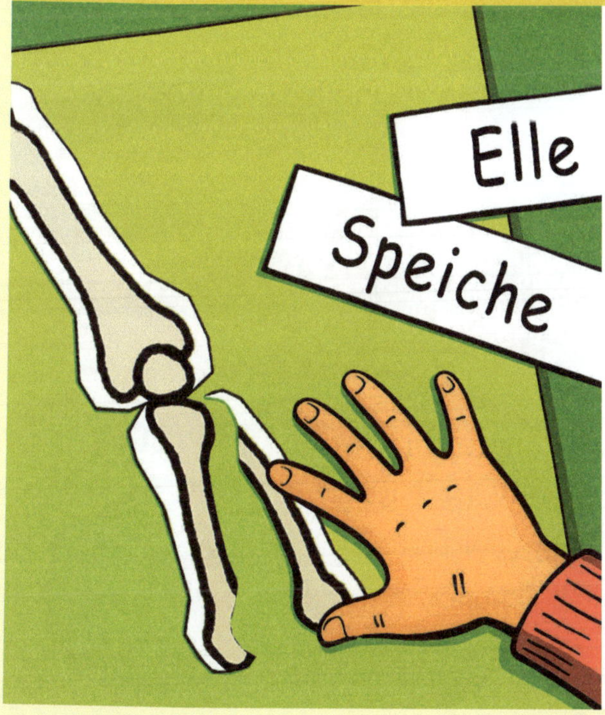


Was schieben wir hinzu?
den Knochen: Speiche

Was wird gesprochen?
Den zweiten Unterarmknochen nennt man auch Speiche.

Kameraeinstellung:
nah

Geräusche/Musik:
keine

# Eine Startseite gestalten

Wenn ihr eine Internetadresse eingebt, landet ihr zuerst auf der Startseite.
Sie bietet einen Überblick über die Inhalte und Themen, die ihr hier finden könnt, zum Beispiel Fotos, Filme, Texte und vieles mehr.
Die Startseite wird auch Homepage genannt.

Auf dieser Internetseite könnt ihr eine eigene Startseite gestalten: www.primolo.de

**Überlegt, welche Startseite ihr gestalten könnt.**
Besprecht euch mit eurer Lehrerin oder eurem Lehrer.

**Untersucht den Aufbau von Startseiten.**
Viele Startseiten sind ähnlich aufgebaut.
Oben steht meistens der Name.
Die wichtigsten Inhalte und Themenbereiche werden mit Oberbegriffen oder Symbolen dargestellt. Wenn ihr darauf klickt, kommt ihr auf die Unterseite zu diesem Thema.

Auf jeder Startseite muss ein Hinweis zum Impressum sein.
Im Impressum steht, wer für die Seite verantwortlich ist.
Das muss eine erwachsene Person sein, zum Beispiel die Schulleiterin für die Internetseite einer Schule.
Name, Adresse, E-Mail-Adresse und Telefonnummer werden angegeben.

**Vergleicht verschiedene Startseiten.**

Betrachtet Startseiten, zum Beispiel von Grundschulen.
Notiert Stichpunkte:

- Welche Inhalte und Themen gibt es?
- Wie sind die Startseiten gestaltet? Farbe, Schrift, Fotos, ...
- Findet ihr euch gut zurecht?
  Eindeutige Symbole, übersichtliche Anordnung, ...?
- Welche Startseiten findet ihr besonders gelungen?
  Ihr könnt Bildschirmfotos machen und vergleichen.

**Sammelt Ideen für die Startseite.**

Auf der Startseite müssen Oberbegriffe oder Symbole angeboten werden, die Unterseiten öffnen, wenn sie angeklickt werden.
Überlegt gemeinsam:

- Was soll auf der Startseite zu sehen sein?
- Welche Unterseiten gibt es schon?
- Sollen weitere Unterseiten ergänzt werden?
- Gibt es bereits Symbole oder Logos, die ihr verwenden könnt?

| vorgeschriebene Inhalte | Themen | weitere Ideen |
|---|---|---|
| Name der Schule | Adresse | Fotos vom Schulgarten |
| Impressum | Stundenplan | Schulfest |
| ... | Termine | Essensplan Mensa |
| | AGs | ... |
| | ... | |

**Sammelt Material für die Startseite.**

- Welche Fotos, Bilder oder Texte wollt ihr zeigen?
- Hat eure Schule schon ein Logo? Fragt nach, ob ihr es verwenden dürft.
- Soll ein Lied oder Film gezeigt werden?
- Verteilt Aufgaben: Wer malt oder fotografiert? Wer schreibt die Texte?

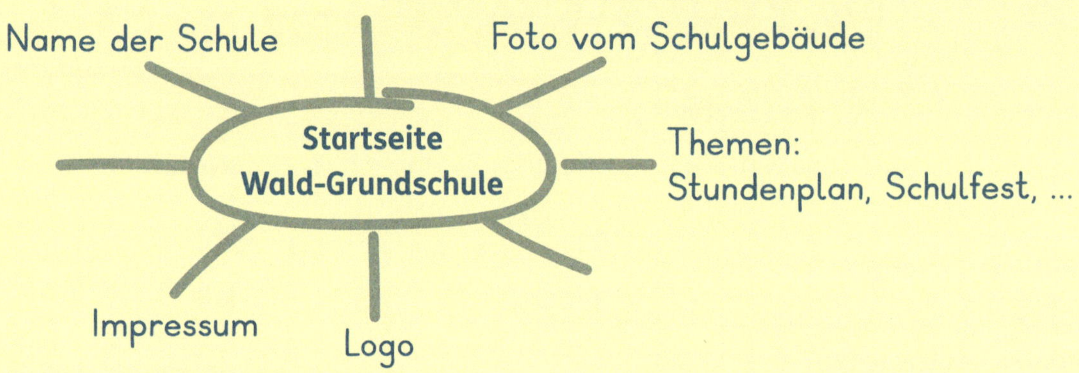


**Achtung: Ihr müsst Datenschutz und Urheberrechte beachten!**

- Fotos, Bilder oder Texte von anderen dürft ihr nur mit deren Einverständnis verschicken und hochladen.
- Fragt eure Lehrerin, euren Lehrer oder die Schulleitung, was ihr verwenden dürft.

**Plant Aufbau und Gestaltung der Startseite.**

Probiert die Gestaltung auf Papier aus:

- Druckt Texte und Fotos aus.
- Ordnet alles auf einem großen Papier an.
- Überlegt, wo ihr die Adresse und das Impressum unterbringen wollt.

**Gestaltet die Startseite.**

- Tippt Überschriften und Texte.
  Wählt eine passende Schrift und Schriftfarbe.
  Korrigiert die Rechtschreibung.
- Gestaltet den Hintergrund der Startseite.
- Ladet alle Dateien hoch: Fotos, Bilder, Symbole, Videos, Lieder, ...
- Ordnet alle Symbole und Dateien.
- Prüft noch einmal:
  Ist alles richtig?
  Ist alles übersichtlich angeordnet?
- Speichert die Startseite.

# Lexikon

**App**: Ein Programm auf einem Tablet oder Smartphone heißt App (sprich: *Äpp*).

**Beamer**: Mit einem Beamer (sprich: *Biemer*) kannst du Daten von einem Computer vergrößert zeigen.

**Bildschirmfoto**: Ein Bildschirmfoto ist ein Foto von dem, was du auf dem Bildschirm des Computers oder auf dem Handy siehst. Das Foto wird auch Screenshot (sprich: *Skrienschott*) genannt.

**Binärcode**: Die Befehle in einem Computerprogramm werden im Binärcode geschrieben. Dieser Code besteht aus den Ziffern 0 und 1.

**Blog**: Ein Blog ist wie ein Internet-Tagebuch, zu dem auch andere ihre Meinung schreiben können.

**Browser**: Der Browser (sprich: *Brauser*) ist das Programm, mit dem du in das Internet gehst.

**chatten**: Chatten (sprich: *tschätten*) bedeutet plaudern. Ein Chat ist ein Treffpunkt oder eine bestimmte Gruppe im Internet. Alle Chat-Teilnehmer müssen online sein.

**Cybermobbing**: Beim Cybermobbing (sprich: *Seibermobbing*) wird jemand im Internet gemobbt, also beleidigt, geärgert oder bedroht.

**digitale Spiele**: Für digitale Spiele brauchst du einen Computer, ein Tablet, ein Smartphone oder eine Spielekonsole.

**Doppelklick**: Programme öffnest du mit einem Doppelklick. Klicke zweimal direkt hintereinander mit der linken Maustaste auf das Symbol.

**downloaden**: Der Begriff downloaden (sprich: *daunlouden*) kommt aus dem Englischen und heißt herunterladen. Achtung: Manche Downloads kosten Geld.

**E-Mail**: Der Begriff E-Mail kommt aus dem Englischen und heißt: elektronische Post. In der Adresse gibt es das @-Zeichen. Auch die Endung der Mailadresse ist wichtig (.de oder .com).

**Emoji**: Ein Emoji (sprich: *Imoudschie*) ist ein kleines Bildzeichen, zum Beispiel ein Herz oder ein Smiley.

**Folie**: Die Seiten bei einer Computerpräsentation werden Folien genannt.

**Hardware**: Die Teile eines Computers, die du anfassen kannst, sind die Hardware (sprich: *Hardwär*).

**Hashtag**: Die Raute # vor dem Stichwort wird Hashtag (sprich: *Häschtäg*) genannt.

**Homepage**: Eine Startseite im Internet wird auch Homepage (sprich: *Houmpäitsch*) genannt.

**Influencer**: Bekannte Darsteller in Internetfilmen werden Influencer genannt. Das bedeutet Beeinflusser. Oft zeigen Influencer in ihren Filmen bestimmte Produkte. Sie werden von den Firmen für diese Werbung bezahlt.

**Internetadresse**: Alle Internetadressen beginnen mit www.
www bedeutet: world wide web.
Übersetzt heißt das: weltweites Netz.
Die Endung de steht für Deutschland.

**kommunizieren**: Kommunizieren heißt, jemandem etwas mitzuteilen.
In einem Telefonat kommunizierst du mündlich. In einer E-Mail oder SMS kommunizierst du schriftlich.

**Level**: Ein Level ist eine bestimmte Schwierigkeitsstufe in einem digitalen Spiel.

**Link**: Wenn du mit dem Mauszeiger über eine Überschrift fährst, kann sich der Pfeil in eine Hand verwandeln.
Dann ist die Überschrift ein Link, der dich direkt mit einer Internetseite verbindet.

**Medien**: Wir nutzen Medien, um uns zu informieren, um miteinander Kontakt zu haben, um zu lernen, zur Unterhaltung und um zu spielen.

**Online-Lexikon**: In einem Online-Lexikon kann jeder Informationen im Internet veröffentlichen und anderen zur Verfügung stellen.

**posten**: Das Wort posten (sprich: *pousten*) kommt aus dem Englischen. Es bedeutet: etwas im Internet zu veröffentlichen.

**Privatsphäre**: Viele Internetseiten und Apps bieten einen Bereich zur Privatsphäre an. Hier kannst du mit deinen Eltern oder Lehrern festlegen, welche Informationen für wen zu sehen sind.

**Profil**: Ein Profil ist ein Steckbrief.
Der Profilname wird auch Nickname (sprich: *Nicknäim*) genannt.

**Schreibtisch**: Wenn du den Computer anschaltest, siehst du auf dem Bildschirm Programme und Ordner. Diese Oberfläche wird Schreibtisch oder Desktop genannt. Desktop ist das englische Wort für Schreibtisch.

**SMS**: Die Abkürzung steht für den englischen Ausdruck Short Message Service. Das heißt Kurznachrichten-Dienst.

**Software**: Zur Software (sprich: *Softwär*) gehören alle Programme, zum Beispiel Schreib- oder Malprogramme und auch Computerspiele.

**Stop-Motion-Film**: Ein Film aus vielen Einzelbildern heißt Stop-Motion-Film (sprich: *Stopp-mouschen*).

**Suchmaschine**: Mit einer Suchmaschine kannst du Internetseiten zu einem Thema suchen. Es gibt spezielle Suchmaschinen für Kinder.

**Touchscreen**: Beim Smartphone oder Tablet heißt der Bildschirm Touchscreen (sprich: *Tatschskrien*). Dort erscheint auch die Tastatur, wenn du etwas schreiben willst.

**Webseite**: Webseite ist ein anderes Wort für Internetseite. Der englische Begriff web bedeutet Netz.

# Portfolio

● Male den Kreis grün an, wenn du ganz sicher bist, dass du das weißt oder kannst.

## Bedienen und anwenden

- ○ Ich kenne unterschiedliche Medien.
- ○ Ich kann die Teile des Computers benennen.
- ○ Ich kenne die Tastatur.
- ○ Ich kann am Computer Texte schreiben.
- ○ Ich kann Texte gestalten und korrigieren.
- ○ Ich kann Texte speichern und ausdrucken.
- ○ Ich kann neue Ordner anlegen und Dateien darin abspeichern.
- ○ Ich kann Dateien löschen und Dateien aus dem Papierkorb zurückholen.
- ○ Ich kann Internetseiten mit einem Browser öffnen.
- ○ Ich kann Tablets und Smartphones bedienen und kenne wichtige Apps.

## Informieren und recherchieren

- ○ Ich weiß, in welchen Medien ich Informationen finden kann.
- ○ Ich kenne verschiedene Kinder-Suchmaschinen.
- ○ Ich kann mit Suchmaschinen nach Informationen suchen.
- ○ Ich kann Suchergebnisse vergleichen und bewerten.
- ○ Ich kann geeignete Informationen auswählen.
- ○ Ich kenne Sendungen und Internetseiten mit Nachrichten für Kinder.
- ○ Ich erkenne Werbung im Internet.
- ○ Ich bin vorsichtig im Internet und frage meine Eltern, bevor ich auf OK klicke.

## Kommunizieren und kooperieren

- ○ Ich kann E-Mails und SMS schreiben, versenden und empfangen.
- ○ Ich kenne Emojis und kann sie passend verwenden.
- ○ Ich kann Dateien als Anhang versenden.
- ○ Ich kenne Nachrichtendienste für Kinder.
- ○ Ich kann Nachrichtendienste für Kinder sicher nutzen.
- ○ Ich kenne soziale Netzwerke für Kinder.
- ○ Ich kann in sozialen Netzwerken für Kinder Beiträge einstellen.
- ○ Ich kann in sozialen Netzwerken für Kinder mit anderen Kindern chatten.
- ○ Ich kann ein sicheres Passwort erstellen.
- ○ Ich kann ein sicheres Profil erstellen.
- ○ Ich weiß, wie ich mich bei Mobbing im Internet verhalten kann.

## Produzieren und präsentieren

- ○ Ich kenne unterschiedliche Präsentationsmöglichkeiten.
- ○ Ich kann Fotos aufnehmen, umbenennen und herunterladen.
- ○ Ich kann mit Zeichenprogrammen Bilder und Comics gestalten.
- ○ Ich kann Hörspiele gestalten und aufnehmen.
- ○ Ich kann Radioreportagen gestalten und aufnehmen.
- ○ Ich kann unterschiedliche Filme planen und herstellen.
- ○ Ich kann eine Präsentation am Computer erstellen.

## Analysieren und reflektieren

- ○ Ich kann unterschiedliche Medien sicher nutzen.
- ○ Ich kenne die Möglichkeiten der sozialen Netzwerke.
- ○ Ich kann Gefahren in sozialen Netzwerken erkennen und mich sicher verhalten.
- ○ Ich kenne digitale Spiele.
- ○ Ich kann gezielt Spiele auswählen und nutzen.
- ○ Ich kann über meine Mediennutzung kritisch nachdenken.

## Problemlösen und modellieren

- ○ Ich kenne Beispiele für die Bedeutung des Computers im Alltag.
- ○ Ich kann mit Befehlen Anleitungen in einzelnen Schritten erstellen.
- ○ Ich kenne verschiedene Codes.
- ○ Ich kenne Grundlagen von Computerprogrammen.
- ○ Ich kann einen Computercode erstellen.

**Das mache ich am liebsten am Computer:**

**Das sind meine Lieblingsseiten im Internet:**

**Diese Online-Spiele mag ich besonders gerne:**

**Diese Apps mag ich besonders gerne:**